Dajenu — Freiheit genug

Aus innerer Sklaverei in vollkommene Erfüllung

Bibliografische Information der Deutschen Nationalbibliothek:
Die Deutsche Nationalbibliothek verzeichnet diese Publikation in der Deutschen Nationalbibliografie; detaillierte bibliografische Daten sind im Internet über http://dnb.dnb.de abrufbar.

Cover: Danielle Dempwolf

Korrekturen: Tobias Liebig, Susan Castell, Henning Rietz, Kerstin Zedler und Stefanie Stanislawiak

Kontakt: dajenu.buch@gmx.de

Herstellung und Verlag: BoD – Books on Demand, Norderstedt

ISBN: 978-3-7562-2668-9

Widmung

Für meinen Vater, dessen Liebe zum Gott Israels
und ebenso zu mir grundlegend mein Leben
geprägt hat.

Inhalt

Dajenu vorgestellt – ein Prolog

In diesem Buch geht es um Freiheit. Nicht um irgendwelche Freiheit, sondern um vollkommene, himmlische Freiheit. Ich hatte nie vor, ein Buch über dieses Thema zu schreiben. Ich habe nicht einmal besonders viel darüber nachgedacht, bis der Heilige Geist es mir quasi in den Schoß fallen ließ. Mit einer vergleichsweise kleinen Offenbarung am Esstisch meiner Eltern zeigte er mir eines von Gottes Grundprinzipien: Seinen Prozess der Befreiung, veranschaulicht in der Geschichte des Exodus. Der Heilige Geist zeigte mir die Schritte, die Gott unternimmt, um aus Sklaverei zu befreien und in vollkomme Freiheit, vollkommene Versorgung und vollkommene Erfüllung zu führen. Die Schritte, die er Israel aus Ägypten ins verheißene Land führte, sind dieselben, die er uns aus unserer Sünde in eine tiefe Beziehung mit ihm führt. Er zeigte mir, dass Gott der Selbe gestern, heute und morgen ist. Dass er also immer noch genauso arbeitet, sich genauso offenbart und mich genauso befreit, wie er es bei seinem Volk getan hat. Und dass die Prinzipien, die er mit einer ganzen Nation etabliert hat, ebenso im Kleinen gelten, auch wenn es nur ich bin, die er befreien möchte.

Weil diese erste Offenbarung und mein darauffolgendes Eintauchen in deren Bedeutung für mich ein sehr persönlicher Weg mit und auf Gott zu war, habe ich mich entschlossen, in diesem Buch auch hauptsächlich darauf einzugehen, was es für den individuellen Menschen und seinen Weg zu Gottes Herzen bedeutet. Aber ich weiß aus Erfahrung, dass, wenn ich mit mir selbst anfange, mich auf Gott ausrichte, mich von ihm befreien lasse und danach strebe, ihn als den zu kennen, der er ist, es schon bald in meine Beziehungen, meine Familie, mein Umfeld und die Welt durchsickern wird. Und je mehr ich Gottes Prozess der Befreiung mit mir als Individuum verinnerliche, desto leichter ist es, dieselben Prinzipien auch im Allgemeinen und im großen Umfang zu erkennen: In Familien, Gemeinden, Nationen und sogar in der Geschichte.

Ich habe festgestellt, dass Gott, egal ob er die Welt, eine Gemeinde, eine Familie oder einfach nur mich in die Freiheit und zu ihm selbst führt, immer die gleiche Route nimmt. Es ist eine Route, die es zu studieren lohnt, und eine Reise, die es zu machen lohnt, weil das Ziel das ist, wofür wir bestimmt sind: eine tiefe, erfüllende Beziehung mit dem Gott, der uns liebt.

Dajenu offenbart

Alles, was in diesem Buch geschrieben steht, begann mit meinem Vater. Er würde es wahrscheinlich anders sehen, weil er nie viel auf sich selbst gegeben hat, aber es ist wahr. Und da er nicht mehr unter uns weilt, kann er auch nichts mehr gegen die Beachtung einwenden, die das hier vielleicht bringen könnte. Es begann alles mit ihm, weil sein Leben, weit mehr als seine Worte, stets von Gottes unfehlbarer, unveränderlicher Güte sprach. Als seinen Taufspruch, seinen Konfirmationsspruch und als Bibelzitat für seinen Nachruf hatte er denselben Bibelvers. Was ein Zufall zu seiner Konfirmation war, darauf bestand er für seine Beerdigung:

Die Befehle des HERRN sind richtig und erfreuen das Herz.
(Psalm 19, 9)[1]

Als meine Eltern sich gemeinsam auf sein bevorstehendes Ableben vorbereiteten, schlug meine Mutter vor, er könnte sich ja einen neuen Vers aussuchen, aber davon wollte mein Vater nichts wissen. Für ihn war es ein klares Wort Gottes, ein Segen, ein Credo, das sich nicht ändert, ebenso wie Gott sich im Laufe seines Lebens nie veränderte. Er lebte nach diesen Worten, erlebte die Freude, die es bringt, Gottes Befehlen zu folgen, und suchte immerfort nach einem tieferen Verständnis von Gottes vollkommener Güte. Ein Schritt, den er tat, um Gott tiefer zu begegnen, war, das Land der Bibel zu bereisen. Zuerst in seinen Zwanzigern und dann viele weitere Male in seinem Leben.

---

[1] Wenn nicht anders vermerkt, sind alle Bibelzitate der Lutherbibel von 2017 entnommen.

Dort erlebte er etwas Besonderes, etwas, worauf Jesus selbst in Lukas 19, 40 hinweist. Die Steine schrien und bezeugten Gottes unfehlbare, unveränderliche Treue zu seinem Volk. Ich habe die gleiche Erfahrung gemacht, diese Offenbarung, dass Gott bis zum heutigen Tag seinen Bund mit Israel hält. Ich hatte den gleichen Einblick in Gottes unveränderliche Liebe zu seinem Volk und damit auch zu uns als eingepfropften Ölzweig. Und ich verliebte mich einmal mehr in den Gott Abrahams, Isaaks und Jakobs, genau wie mein Vater mehr als 30 Jahre zuvor.

Den Gott Israels zu lieben bedeutete für meinen Vater, Hebräisch zu lernen, um die Bibel im Original lesen und mit seinem Himmlischen Vater in der Sprache seiner Wahl sprechen zu können. Es bedeutete, Gottes Gebote zu kennen und ihnen zu folgen, und es bedeutete, die Rituale und Feiertage zu begehen, die Gott seinem Volk zu feiern geboten hat. Papas Liebe zu Gott, seinem Volk und seinen Geboten bedeutete also, dass ich quasi in einem beinahe jüdischen Haushalt aufgewachsen bin. Dass er nur beinahe jüdisch war, lag lediglich daran, dass unsere jüdischen Wurzeln zu weit zurück liegen, um heutzutage nachweisbar zu sein. Wäre mein Vater ein resoluterer Mensch gewesen, als der ruhige, unscheinbare Mann, der er war, hätten wir das „beinahe" vielleicht schon vor langer Zeit weggelassen.

Ich bin unendlich dankbar für Papas Hingabe zum Gott Israels. Besonders deswegen, weil es in mir den Wunsch geprägt hat, Gott als den zu kennen und bekannt zu machen, der er wirklich ist. Seine Güte selbst in den schwierigen, herausfordernden Stellen seines Wortes zu suchen. Und ihm zu vertrauen, selbst wenn ich sein Handeln nicht verstehe. Das legte das Fundament meines Glaubens und bildet bis heute die Bausteine meiner

Beziehung zu Gott. Ich weiß, im tiefsten Herzen, dass ich seiner Güte in allem vertrauen kann. Und wenn ich sie nicht sofort erkenne, kann ich den Heiligen Geist freimütig darum bitten, mir seine unfehlbare Liebe in allen seinen Taten zu offenbaren. Er wird jedes Mal gerne meine Bitte beantworten.

Wie sich eine Offenbarung anfühlt

Als ich aufwuchs, hatte mein Vater eine Druckerei. Riesige Maschinen, fast schon historisch anmutende Druckpressen und Berge von Papier. Ich habe immer noch den Geruch von trockener, papier-staubiger Luft und frischer Druckfarbe in der Nase. Für uns Kinder war es der aufregendste, wenngleich leicht gefährliche Indoor-Spielplatz, den wir uns vorstellen konnten.

Am tollsten fand ich die große Schneidemaschine. Sie nahm den halben Raum ein, machte beim Einstellen und Schneiden Geräusche wie aus Star Trek und war nicht ansatzweise mit den Schneidebrettern für Büroarbeit zu vergleichen. Für uns war sie absolut tabu, was sie natürlich unwiderstehlich machte. Mein Vater konnte die schmalsten Streifen von 500 Blätter starken Stapeln Papier mit perfekter Präzision abschneiden. Die so entstandenen Papierreste sahen für mich wie glitzerfreies Lametta aus, weshalb ich sie dann als Pferdeschweif oder wunderschöne Rapunzel-Haare benutzte oder was auch immer ich gerade zum Spielen brauchte.

Ich liebte es, meinem Vater beim Papierschneiden zuzuschauen. Ein Aspekt ist mir davon über die Jahre besonders im Gedächtnis geblieben. Nämlich der Anblick, wann immer mein Vater einen großen Stapel in der Mitte durch schnitt. Immer wenn diese schrecklich scharfe, fast futuristische Klinge ohne großen Widerstand durch das Papier glitt, wirkte es fast so, als hätte das Messer den Stapel gar nicht zerschnitten, sondern vielmehr einen bereits existierenden Schnitt geöffnet. Wie ein Buch, das genau in der Mitte aufgeschlagen wird.

Dieses Bild kommt mir jedes Mal in den Sinn, wann immer ich einen dieser Momente habe, wo der Heilige Geist mir die Bedeutung von bestimmten Bibelstellen offenbart. Das ist so, als würde er mit einem Schwert kommen und ein ganzes Buch Wahrheit in meinem Kopf aufschlagen, sodass ich denken muss: „Na klar! Warum habe ich das nicht schon früher gesehen? Das ist ja großartig!"

Das überwältigende Erlebnis dieser Art hatte ich eines Abends, als ich gerade zu Besuch bei meinen Eltern war. Es war Sederabend, der erste Abend des jüdischen Passahfestes. Mein Vater hatte, angetrieben von seinem Herzen für Gottes Volk, über die Jahre großes Wissen über jüdische Traditionen angesammelt. Deshalb hatten meine Eltern an diesem Abend ein paar Christen zu Besuch, um gemeinsam Passah zu feiern und den "Gojim"[2] gleichzeitig alles zu erklären.

Ich war eigentlich nur dabei, um meiner Mutter in der Küche zu helfen, und erwartete nicht, irgendwas Neues zu lernen, da dies nicht meine erste Sederfeier war. Die hatte ich an meinem zehnten Geburtstag erlebt und jeder der weiß welch seltsame Speisen traditionell an diesem Abend serviert werden, wird verstehen können, warum ich damals nicht sonderlich begeistert war.

Deshalb saß ich dieses Mal also nur am Tisch, wie eine

---

[2] Gojim = Plural von Goi, jiddisches Wort für Nichtjude

artige Tochter, machte alles mit, lehnte mich an, hob das Glas, tauchte Sachen in andere Sachen, und so weiter und so fort. Bis der Heilige Geist sein Schwert auf mich niedergehen ließ und dieses Buch Wahrheit in meinem Kopf öffnete.

Mein Vater hatte gerade begonnen, das Dajenu zu lesen, ein Gedicht, das alle Schritte von Israels Reise aus der Sklaverei ins verheißene Land aufführt. Es ist eine sehr komprimierte Erzählung von Geschichten, die sich normalerweise über die Bücher Exodus, Josua, Samuel und Könige erstreckt. Es besteht aus 15 Versen und nach jeder Zeile, die der Vater des Hauses vorliest, antwortet die Familie mit „Dajenu", was so viel bedeutet wie „Das hätte schon gereicht" oder „Das wäre genug gewesen", womit ausgedrückt wird, dass schon einer dieser Schritte genug wäre, Gott für immer zu preisen.
Der Heilige Geist ließ sein Schwert niedergehen, indem er einfach sagte: „Kannst du sehen, wie das immer noch der Weg ist, wie ich dich rette? Diese 15 Schritte heraus aus der Sklaverei und ins verheißene Land sind immer noch die Schritte, die ich dich aus Sünde heraus und in meine vollkomme Freiheit führe, zurück in meine liebenden Arme."
Mit jedem Vers trieb er diese Wahrheit tiefer und tiefer. Es war also ein ziemlich tiefer Schnitt, ein ziemlich dickes Buch Wahrheit, das sich da in meinem Kopf öffnete. Dieser Papierstapel war viel dicker als nur 500 Blätter, das stand fest.

Seit diesem Abend habe ich dieses spezielle Buch Wahrheit studiert, mit Leuten darüber gesprochen und aus ihren Reaktionen abgeleitet, wie nützlich diese Wahrheit sein kann. Sie kann ein Leitfaden durch den Prozess der

Freiheit sein. Sie kann als Zeitstrahl genutzt werden und dir zeigen, wo du gerade stehst, die Schritte aufzeigen, die du bereits gegangen bist und dich auf zukünftige Schritte hinweisen. Sie zeigt dir, wie Gott arbeitet, um dich zu befreien. Wie er nichts unversucht lässt, um dich von Sünde, Gebundenheit und Verdammnis loszureißen. Sie offenbart dir Gottes Herz und lässt dich vielleicht seine Taten besser verstehen. Und ich hoffe zutiefst, dass sie dir den Mut geben wird, Gott zu vertrauen und ihm aus innerer Sklaverei heraus in dein verheißenes Land zu folgen.

Hier ist sie also, für alle Welt zu lesen, hoffentlich zu empfangen und vielleicht weiterzugeben: Die Wahrheit über ausreichende Freiheit, über Freiheit Genug.

Dajenu erzählt

Was ist Freiheit?

Es ist schwierig über Freiheit zu schreiben, einfach weil das Wort so viele unterschiedliche Dinge für jeden von uns bedeuten kann. Die Bedeutung und unser Verständnis von Freiheit hängen üblicherweise davon ab, was uns gerade gefangen hält, was immer uns gerade am meisten beeinträchtigt, denn davon wollen wir gerade frei sein.

Freiheit ist uns sehr wichtig. Wir verankern das Recht auf Freiheit in den Verfassungen unserer Länder und als Grundlage unserer staatlichen Strukturen, und sind bereit zu kämpfen, wann immer unsere persönliche Freiheit gefährdet ist. Pressefreiheit, Meinungsfreiheit, Religionsfreiheit und alle möglichen anderen Freiheiten, sie alle gehen auf die Entscheidungsfreiheit zurück.

Während ich das hier schreibe, zwingt die Covid-19-Pandemie die ganze Welt dazu, einen großen Teil Freiheit aufzugeben. Wenn Regierungen entscheiden, ob die Menschen reisen, zur Arbeit gehen, sich mit Freunden treffen und ihre Kinder zur Schule schicken dürfen, werden die Schreie nach Freiheit lauter. Egal wie sehr diese Einschränkungen im besten Sinne der Nation sein mögen. Wir fühlen uns unterdrückt, weil wir nicht tun können, was wir wollen. Wir können nicht selbst entscheiden.

Das ist es, was wir tatsächlich mit Freiheit meinen: Selbstbestimmung, Selbstregierung, Selbstdarstellung, Selbstverwirklichung, Selbstentfaltung. Das Recht, unser eigenes Schicksal zu bestimmen und von niemandem reingeredet zu bekommen. Damit wir mit unserem Leben tun können, was immer wir wollen.

Selbst in unseren Gemeinden leben wir zumeist nach dieser weltlichen Definition von Freiheit. Wir erwarten christliche Nächstenliebe, Annahme ohne Ansehen der Person, Gnade ohne Urteil, Unterstützung ohne Korrektur, Erbarmen ohne Umkehr. Denn wir sind doch befreit, oder? Wie können diese Schwestern und Brüder in Christus es wagen, uns zusätzlich zu belasten? Ihnen ist höchstens erlaubt, uns zu beraten, aber es bleibt unsere Entscheidung, mit diesem Rat zu tun, was uns richtig erscheint.

Gott, auf der anderen Seite, malt uns ein komplett anderes Bild von Freiheit. Er hat den Menschen als freies Wesen geschaffen, in seinem Bilde, als einen Freund, ein Gegenüber. Adam und Eva waren, als sie im Garten Eden lebten, vollständig frei. Frei von Schmerz, frei von Krankheit, frei von Leid, frei von Verfolgung, frei von Unterdrückung, frei von Gefahr, frei von Not, frei von Scham, frei von Lasten, frei von Sünde, frei von Tod. Nichts hielt sie. Nur Gott allein.

Die einzige Einschränkung, unter der Adam und Eva leben, ist, nicht vom Baum der Erkenntnis von Gut und Böse zu essen, weil sie sonst sterben würden. So findet sie die Schlange und zieht, mit nur einer Frage und eine sehr selektiven Sicht auf die Konsequenzen von Ungehorsam, Gottes Güte in Zweifel.

„Hat Gott wirklich gesagt ‚Ihr dürft von keinem Baum im Garten essen?'" fragt sie. „Nein, wir dürfen alle Früchte essen, nur nicht vom Baum in der Mitte des Gartens. Weil wir dann sterben würden," antwortet Eva. „Ihr werdet nicht sterben," antwortet die Schlange, „Gott weiß, dass eure Augen geöffnet werden, wenn ihr davon esst, sodass ihr wie Gott wärt und Gut von Böse unterscheiden könntet." (nach 1. Mose3, 1-5)

Indem sie geschickterweise vermeidet zu erwähnen, dass die Frucht zu essen bedeutet, von Gott, dem Geber allen Lebens, getrennt zu werden, stellt die Schlange es als begehrenswert dar. Damit impliziert sie, dass Gott bei seinem Verbot Hintergedanken hat. Sie deutet an, dass Adam und Eva mehr sein könnten, als sie sind, und dass Gott das anscheinend verhindern möchte. Das verändert etwas in Evas Herz. Verleitet von der Schönheit der Frucht, verführt vom Versprechen gottgleicher Weisheit und von Gott anscheinend hintergangen, isst sie die Frucht und gibt auch Adam etwas davon.

Eine kleine Übertreibung, eine kleine Verdrehung der Fakten war alles, was es brauchte, um Adam und Eva davon abzubringen, Gott zu vertrauen. Und so wie die gesamte Menschheit seither, fühlten sie sich nicht mehr frei, wenn sie nicht ihre eigenen Herren sein können. Sie begannen, sich danach zu sehnen, frei von Gott zu sein. Also aßen sie von der Frucht, und als Resultat wurden sie Sklaven. Wurden Sklaven von Arbeit, Sklaven von Geld, Sklaven von Selbstentfaltung, Sklaven von Lust, Sklaven von Sucht, Sklaven von Tod.

Die Unabhängigkeit von Gott hat alles verändert. Jetzt erleiden wir Schmerz, Krankheit, Verfolgung, Unterdrückung, Gefahr, Not, Scham, Lasten, Sünde und alle dazugehörigen Sorgen und Konsequenzen. Und unsere „Freiheit" tun zu können, was wir wollen, kann uns von nichts davon befreien. Und das Schlimmste ist: Wir sind Sklaven davon, von Gott getrennt sein zu müssen.

Das ist etwas, was Gott nicht ertragen kann: Dass wir verdammt sein sollen, von ihm getrennt zu sein und in

Sklaverei und Gebrochenheit leben zu müssen. Er wollte nie, dass wir von ihm fern seien, wollte nie, dass wir von unserer Sünde verkrüppelt seien. Nein, er ist entschlossen, uns zurück in seine wahre und ewige Freiheit zu bringen, und gibt alles, um uns einen Weg zurück in die Beziehung zu bereiten, für die wir gemacht sind. Wo wir frei von allem sein können und nur von ihm gehalten werden.

Das meint Gott, wenn er davon spricht, uns zu befreien. Er möchte uns zurückbringen in den Zustand der Freiheit, in dem Adam und Eva in Eden lebten. Frei zu sein von Sünde, Krankheit, Schmerz, Armut und Tod, und stattdessen in vollkommener Sicherheit, unerschöpflicher Versorgung und ewiger Erfüllung zu leben. Das ist die Freiheit, die wir mit dem Fall des Menschen verloren haben. Das ist die Freiheit, die wir für Unabhängigkeit und Selbstbestimmung eingetauscht haben, als wir vom Baum der Erkenntnis aßen. Und das ist die Freiheit, für die Gott großen Schmerz auf sich nimmt, um sie uns wieder verfügbar zu machen.

Warum Gott sich so viel Mühe macht

Dass der Mensch die Frucht aß, muss Gott das Herz gebrochen haben. Seine vollkommenen Geschöpfe, seine Gegenüber, die er geschaffen hatte, um mit ihnen die Schönheit der Welt zu teilen, kannten ihn bislang nur als den liebevollen Versorger von allem, was sie sich nur wünschen konnten. Jetzt verlangen sie danach, ihre eigenen Herren zu sein. Er weiß, was es für uns, die Welt und unsere Beziehung zu ihm bedeuten wird, wenn wir diesem Verlangen nachgehen: Heillose Zerstörung und Verzweiflung. Dennoch respektiert er diese Entscheidung. Sie überrascht ihn nicht einmal. Schließlich hat er den

Baum der Erkenntnis selbst gepflanzt. Er hat ihn gerade dafür geschaffen, um uns die Wahl zu ermöglichen, ob wir in der liebevollen aber von ihm abhängigen Beziehung bleiben wollen oder nicht. Er wusste in welches Elend uns diese Entscheidung werfen würde, und was es ihn kosten würde, uns zu ihm zurückzubringen, aber er hat sie uns dennoch zur Verfügung gestellt. Die Frage ist nur, warum?

Ich habe Gott das einmal gefragt. Er muss gewusst haben, dass der Mensch fallen wird. Er muss gewusst haben, dass wir Sklaven von Sünde und Tod werden würden. Er muss gewusst haben, dass wir sein Eingreifen, seine Befreiung, sein Erbarmen und seine Gnade brauchen würden, falls wir jemals wieder in der Lage sein sollten, in seiner vollkommenen Freiheit zu leben. Er muss gewusst haben, dass es ihn seinen eingeborenen Sohn kosten würde, um das wiederherzustellen, was der Fall des Menschen zerstört hatte. Deshalb wollte ich verstehen, warum er sich diesen fürchterlichen Schmerz angetan hat, wenn er doch einfach hätte *nicht* den Baum pflanzen können.

Der Heilige Geist antwortete, wie er es üblicherweise tut, indem er sein Schwert der Wahrheit in meinem Kopf niedergehen ließ: „Weil ich euch liebe. Und weil ich wollte, dass ihr euch frei entscheiden könnt mich zu lieben."

Er wollte uns als gleichgestellte Partner in dieser Beziehung. Aber damit wir dem allmächtigen Gott gleichgestellt sein können, musste er seine Macht beschneiden, indem er unseren Willen über den seinen stellte. Indem er sich entschloss, unsere Entscheidungen zu respektieren, selbst wenn er uns am liebsten die Konsequenzen ersparen würde. Damit wir die Wahl haben können, weil Liebe nie erzwungen werden kann. So sehr liebt er uns. Er verneint sich selbst, beschneidet seine Allmacht und nimmt entschlossen die schreckliche Konsequenz des Opfers seines eigenen Sohnes auf sich, nur um uns die Chance zu geben, zu ihm zurückzukehren. Dass Jesus ans Kreuz genagelt wurde, war nicht Plan B, war nicht die Lösung, die Gott eingefallen ist, nachdem Adam und Eva ihn mit ihrem Ungehorsam geschockt hatten. Er wusste schon, dass er dieses Opfer würde bringen müssen, als er den Baum pflanzte. Ich bin überzeugt, dass Gott in unsere Geschichte mit ihm von Anfang an aufs Ganze ging. Dass er bereit war, es bis zum Ende durchzuziehen, um uns einen Weg aus der Sklaverei unserer Unabhängigkeit zurück in seine vollkommene Freiheit zu bereiten. Und ich glaube, dass er schon, bevor er überhaupt mit der Erschaffung der Welt begann, entschlossen war, dass er Alles geben würde. Dass er uns rückhaltlos lieben und für uns buchstäblich bis zu seinem letzten Atemzug kämpfen würde. Er überschlug die Kosten und entschied: Uns als freie, gleichgestellte Partner zu haben, war die Sache wert.

In dieser Liebe lebten Adam und Eva im Garten Eden. Sie lebten in Gottes Hand, kannten nichts als vollkommene Sicherheit, unerschöpfliche Versorgung und ewige Erfüllung. Indem sie vom Baum der Erkenntnis aßen, wandte sich der Mensch von dieser Liebe ab. Warum um alles in der Welt taten sie das, könnte man fragen? Misstrauen. Sobald die Schlange ihnen Weisheit statt Tod versprach, hörten sie auf Gott zu vertrauen. In ihrer begrenzten Erfahrung hatten sie ihn noch nie für sie kämpfen sehen, ihn sich nie beweisen sehen. Sie kannten nichts als Zufriedenheit und Glücklichsein. Aber nun erzählt ihnen die Schlange, es gäbe etwas, was sie noch nie gesehen haben. Etwas, das Gott ihnen vorenthält. Wie kann er es wagen! Hat er sie nicht als Herren über die Schöpfung eingesetzt? Warum können sie dann nicht auch über diesen Baum herrschen? Ihr Verlangen nach Selbstbestimmung wächst und die Frucht wird unwiderstehlich. Weil sie nicht darauf vertrauen, dass es vielleicht besser wäre, das, was Gott ihnen vorenthält, nicht zu haben.

Vom Baum der Erkenntnis zu essen ist also des Menschens Misstrauensvotum an Gott. Obwohl wir geschaffen wurden, ihn zu lieben und von ihm geliebt zu werden, laufen wir vor der Beziehung davon, für die wir gemacht waren, weil wir ihm nicht vertrauen. Und Liebe ohne Vertrauen ist unmöglich. Aber oh, Gott will uns immer noch lieben und will immer noch, dass wir fähig seien, ihn zu lieben. Was soll er jetzt also tun? Wie kann er uns den Weg zurück zu ihm weisen, wo wir doch davongelaufen und unser eigener Untergang geworden sind? Er tut es, indem er sich uns offenbart. Indem er sich uns als die einzig wahre Quelle aller Sicherheit, Versorgung und Erfüllung zeigt, damit wir die wahre Bedeutung von Freiheit in ihm erfassen mögen.

Wie macht Gott das?

Mein Vater hat immer gesagt: „Du kannst deine Kinder erziehen, wie du willst, sie machen dir doch alles nach."

Was nur wie einer dieser Sprüche schien als ich klein war, enthält ein ganzes Stück göttliches Prinzip. Wir lernen eher, indem wir unsere Eltern beobachten, als durch bloßes Zuhören. Denn Liebe redet nicht, predigt nicht und fordert nicht. Liebe tut. Also zeigt Gott sich, indem er ein aufwändiges, unbestreitbares Musterbeispiel gibt. Er inszeniert eine große Rettungsaktion und offenbart sich als unser Erlöser. Dem schließt er eine Reihe von Wundern an und offenbart sich als unser Versorger. Und dann, und das ist das Wunderbarste von allem, erschafft er einen Ort, wo wir ihm wieder nahe sein können, und offenbart sich als unsere Erfüllung.

Ich rede von der Geschichte des Exodus, Israels Befreiung aus Ägypten. Es ist DIE Geschichte von Freiheit, aber es ist auch eine große Offenbarung dessen wer Gott ist, wie sehr er uns liebt und wie unsere Beziehung zu ihm sein kann. Wenn wir die Geschichte aus Gottes Perspektive betrachten, sehen wir, dass sich Gott mit jedem Schritt aus der Sklaverei in das verheißene Land selbst präsentiert. Er musste erleiden, wie der Mensch sich voll Misstrauen von ihm abwandte, also möchte er sich uns zeigen, damit wir ihn kennenlernen. Er möchte wieder unser Gott sein, unsere einzige Quelle für Erlösung, Versorgung und Erfüllung. Um uns zu zeigen, was und wer er ist, gibt er uns ein großartiges Beispiel: Seine Geschichte mit Israel, seinem erwählten Volk.

Wenigstens werden sie das erwählte Volk genannt (unter anderem in 5. Mose 7,6). Wenn wir aber ein bisschen genauer hinsehen, wird schnell klar, dass sie eigentlich ein erschaffenes Volk sind. Das beginnt schon, als Gott sich Abraham in 1. Mose 12, 1-2 offenbart.

Der Herr sprach zu Abram: „Geh fort aus deinem Land, aus deiner Verwandtschaft und aus deinem Vaterhaus in das Land, das ich dir zeigen werde! Ich werde dich zu einem großen Volk machen, dich segnen und deinen Namen groß machen. Ein Segen sollst du sein. "

Zu der Zeit von Abrahams erster Begegnung mit Gott ist er 75 und kinderlos. Also scheint Gottes Versprechen vielleicht nicht viel Sinn zu ergeben. Aber diese Begegnung verändert Abrahams Leben und er gehorcht sofort. Gott wiederholt sein Versprechen an Abraham mehrere Male, und über zwei Jahrzehnte später, allen Widrigkeiten und ihrem hohen Alter zum Trotz, bekommt seine Frau Sara endlich einen Sohn, Isaak. Es scheint seltsam, dass Gott eine unfruchtbare Familie wählt, um ein Volk daraus zu machen. Nicht nur Sara hat eine wundersame Schwangerschaft, auch Rebekka ist unfruchtbar, bis Isaak für sie betet, ebenso ist es bei Rahel. Es fühlt sich an, als wollte Gott von Anfang dieser Geschichte an seine Finger im Spiel haben. Gott erwählte nicht ein bestehendes Volk, er erschuf eines von Grund auf. Und warum? Um ihr Gott zu sein.

„Ich richte meinen Bund auf zwischen mir und dir und mit deinen Nachkommen nach dir, Generation um Generation, einen ewigen Bund: Für dich und deine Nachkommen nach dir werde ich Gott sein.“ (1. Mose 17,7)

Er möchte ein Volk, dem er sich als der allmächtige Gott offenbaren kann. Er schließt mit Abraham einen Bund und erzählt ihm auch von seinem Plan:

Er sprach zu Abram: „Du sollst wissen: Deine Nachkommen werden als Fremde in einem Land wohnen, das ihnen nicht gehört. Sie werden dort als Sklaven dienen und man wird sie vierhundert Jahre lang unterdrücken. Aber auch über das Volk, dem sie als Sklaven dienen, werde ich Gericht halten und nachher werden sie mit reicher Habe ausziehen.“ (1. Mose 15,13-14)

Gott hat diese ganze Geschichte mehrere hundert Jahre im Voraus geplant. Er hat geplant, dass Israel und seine Söhne sich in Ägypten ansiedeln und dass ihre Nachkommen Sklaven werden, denn er plante, sich ihnen als der Gott, der befreit, versorgt und erfüllt, zu offenbaren. Er setze seine große Befreiungsgeschichte in Gang, als er Abraham erwählte. Und er möchte, dass diese Geschichte Bestand hat und nie vergessen wird. Darum ordnet er in 2. Mose 12,1-20 an, in Erinnerung an seine großen Taten jedes Jahr das Passahfest zu feiern, und bis heute tut das sein Volk als wären sie damals selbst dabei gewesen. Es ist ihm so wichtig, dass er ihnen gebietet, etwas nun regelmäßig in Gedenken zu feiern, das gerade erst passiert. Und danach nennt er sich selbst „der Herr, dein Gott, der dich aus Ägypten geführt hat" (unter anderem in 2. Mose 20,2). So sehr identifiziert er sich mit dieser großartigen Geschichte. Sie muss einfach von bleibender Bedeutung sein.

Die 15 Schritte in vollkommene Freiheit

Es ist kein Wunder, dass Israel mehrere Jahre braucht, um aus der Sklaverei in Gottes vollkommene Freiheit zu kommen. Es ist ein ganz schön langer Weg. Wenn man die 15 Verse des Dajenus betrachtet, brauchen die Kinder Israels 15 individuelle Schritte aus der Sklaverei in das verheißene Land, jeder einzelne ein Wunder an sich.

So gedenken und feiern bis heute jüdische Familien die Israels erstaunliche Reise in Gottes Freiheit zum Passahfest, als hätten sie es selbst miterlebt:

Wenn Er uns aus Ägypten geführt hätte, aber nicht Gericht über die Ägypter gebracht hätte
Dajenu, das hätte schon gereicht!

Wenn Er Gericht über die Ägypter gebracht hätte, aber nicht über
ihre Götter
Dajenu, das hätte schon gereicht!
Wenn Er Gericht über ihre Götter gebracht hätte, aber nicht ihre
Erstgeborenen getötet hätte
Dajenu, das hätte schon gereicht!
Wenn Er ihre Erstgeborenen getötet hätte, aber uns nicht ihren
Wohlstand gegeben hätte
Dajenu, das hätte schon gereicht!
Wenn Er uns ihren Wohlstand gegeben hätte, aber nicht das Meer
für uns geteilt hätte
Dajenu, das hätte schon gereicht!
Wenn Er das Meer für uns geteilt hätte, uns aber nicht trockenen
Fußes hindurch geführt hätte
Dajenu, das hätte schon gereicht!
Wenn Er uns trockenen Fußes hindurchgeführt hätte, aber nicht
unsere Unterdrücker ertränkt hätte
Dajenu, das hätte schon gereicht!
Wenn Er unsere Unterdrücker ertränkt hätte, aber nicht in der
Wildnis 40 Jahre für uns gesorgt hätte
Dajenu, das hätte schon gereicht!
Wenn Er 40 Jahre in der Wildnis für uns gesorgt hätte, uns aber
nicht Manna zu essen gegeben hätte
Dajenu, das hätte schon gereicht!
Wenn Er uns Manna zu essen gegeben hätte, uns aber nicht den
Schabbat gegeben hätte
Dajenu, das hätte schon gereicht!

Wenn Er uns den Schabbat gegeben hätte, uns aber nicht zum Berg
Sinai geführt hätte
Dajenu, das hätte schon gereicht!
Wenn Er uns zum Berg Sinai geführt hätte, uns aber nicht seine
Gebote gegeben hätte
Dajenu, das hätte schon gereicht!
Wenn Er uns seine Gebote gegeben hätte, uns aber nicht ins
verheißene Land geführt hätte
Dajenu, das hätte schon gereicht!
Wenn Er uns ins verheißene Land geführt hätte, aber nicht den
Tempel für uns gebaut hätte
Dajenu, das hätte schon gereicht!

Jeder Vers erzählt von einem Moment der Offenbarung. Mit jedem Schritt macht sich Gott für uns erkennbar. Wir können Gottes Charakter enthüllt finden, sehen seine Gnade ausgedrückt und seine Arbeitsweise demonstriert. Auf dass wir ihn kennen und ihm genug vertrauen, um in seine vollkommene Freiheit zu treten, selbst wenn das bedeutet, von ihm abhängig und nicht mehr unsere eigenen Herren zu sein.

Befreiung Genug

Die fünf Verse des Weges aus der Sklaverei

Die ersten fünf Verse des Dajenus offenbaren Gott als mächtigen Erlöser. Es sind die fünf Schritte, die er geht, um uns aus Sünde und Unterdrückung zu befreien. Die fünf Offenbarungen, die wir brauchen, um zu erkennen, dass wahre Sicherheit und Schutz nur in ihm zu finden sind. Und wieder einmal beginnt seine Befreiung nicht erst mit dem Exodus, sondern eigentlich 80 Jahre zuvor, dieses Mal mit einem Weidenkorb.

Die mutige Liebestat seiner verzweifelten Mutter rettet Mose vor dem Tötungsbefehl des Pharaos, erlaubt ihm, von des Pharaos Tochter gerettet zu werden, und ermöglicht es ihm, als einzigen Hebräer als freier Mann aufzuwachsen. Er genießt sämtliche Privilegien des königlichen Hofes und bekommt die ideale Erziehung, um ein Anführer seines Volkes zu werden. Dann, im Alter von 40 Jahren, treiben ihn Angst und Skandal fort aus seinem Heimatland und die folgenden 40 Jahre als Hirte unter Fremden machen ihn demütiger als je zuvor. So findet er den brennenden Busch. So begegnet er zum allerersten Mal dem Gott seiner Vorväter.

Diese Begegnung muss Mose bis ins Mark erschüttert habe. Mitten in der Wüste tritt er auf heiligen Boden, hört die Stimme des Gottes Abrahams, Isaaks und Jakobs und wird obendrein angewiesen, Israel aus

Ägypten zu führen. Kein Wunder, dass er Fragen hat. Was weiß er denn schon? Nichts. Nicht einmal den Namen des Gottes, mit dem er da spricht.

Durch seine ägyptische Bildung muss Mose mehrere hundert, wenn nicht tausende Götter gekannt haben. Jeder von ihnen mit einem Namen und einem spezifischen Wirkungsfeld. Es war also nur natürlich, dass Mose Gott nach seinem Namen fragt, denn der Name würde Aufschluss darüber geben, was Gottes Fähigkeiten, Verantwortungsbereiche und Fachgebiete sind. Ich schätze, Gottes Antwort war alles andere als zufriedenstellend. Er sagt nur ein Wort. Wir übersetzen es üblicherweise mit „Ich bin", aber während „Ich bin" das Wort als im Präsens stehend definiert, hat das hebräische Wort überhaupt kein Tempus. Was bedeutet, man könnte es als „Ich war, bin und werde sein", als „Ich bin ewig" oder sogar als „Ich existiere" übersetzen.

Ich liebe diese Stelle. Ich liebe es, wie Gott Mose überhaupt nicht mit seinen Klassifizierungsversuchen davonkommen lässt. Stattdessen erklärt er mit nur einem Wort: Er kann nicht in Worte gefasst werden. Er kann nicht abgestempelt werden. Er ist über jede Beschreibung erhaben. Mose hat keine andere Wahl, als Gott so kennenzulernen, wie er ist.

Das ist der Unterschied zwischen dem Gott Israels und allen anderen Göttern und Götzen der Menschheit. Das macht den Unterschied zwischen Glaube und Religion. Mit seinem Namen allein drückt

Gott sein Verlangen nach Beziehung aus. Er will gekannt werden. Sein Name stellt klar, dass er existiert, lebendig und erfahrbar ist. Und sein Name lädt uns ein, einen Schritt näher zu gehen, tiefer einzutauchen und mehr zu entdecken, als man auf den ersten Blick sehen kann.

Gott sagt absichtlich nicht: „Ich bin der Allmächtige, Ich bin der Allwissende." Er sagt: „Ich bin was ich bin. Du musst kommen und mich erforschen. Komm und entdecke meinen Charakter. Komm näher und erlebe mich."

Ich liebe das! Gott ist, wer er ist, und möchte erlebt werden. Und jede Begegnung mit ihm lädt mich ein, lockt mich, näher in seinen Charakter vorzudringen, unsere Beziehung zu vertiefen und mich mehr und mehr in ihn zu verlieben. Er hat uns für diese tiefe Beziehung gemacht. Die Unbeschreiblichkeit, die Unvorstellbarkeit seines Wesens findet sich auch in uns. Denn wir sind Teil von ihm und nur in ihm vollständig. Und nur in der Beziehung zu ihm können wir wahrhaftig die Frage nach seinem Namen beantworten. Nur in der Beziehung zu ihm können wir herausfinden, wer wir wirklich sind.

Wenn er uns aus Ägypten geführt hätte

Gleich nach seiner Einladung, ihn kennenzulernen, beginnt Gott mit der größten Darstellung seiner Macht, seines Herzens, seiner Treue und seines Erbarmens. Vor den Augen aller Welt streckt er seinen Arm aus und erweist sich als der allmächtige Erlöser.

Der HERR sprach: „Ich habe das Elend meines Volkes in Ägypten gesehen und ihre laute Klage über ihre Antreiber habe ich gehört. Ich kenne sein Leid. Ich bin herabgestiegen, um es der Hand der Ägypter zu entreißen und aus jenem Land hinaufzuführen in ein schönes, weites Land, in ein Land, in dem Milch und Honig fließen." (2. Mose 3, 7-8)

Das ist der erste Schritt in die Freiheit: Gott antwortet. Er hat den Schrei seines Volkes nicht nur gehört, sondern war auch davon bewegt. Und als er seine Absicht, einzuschreiten, kundtut, gibt er ihnen auch einen Vorgeschmack auf das Leben, das er ihnen geben möchte. Es wird ein Land sein, wo Milch und Honig fließt. Ein Ort der Sicherheit und Versorgung. Das Land, das Gott beschreibt, könnte sich kaum mehr von dem Leben unterscheiden, das sein Volk bisher kannte. Was für ein großartiger Tausch wäre das!

„Jetzt ist die laute Klage der Israeliten zu mir gedrungen", sagt Gott als nächstes. „Und ich habe auch gesehen, wie die Ägypter sie unterdrücken. Und jetzt geh! Ich sende dich zum Pharao. Führe mein Volk, die Israeliten, aus Ägypten heraus!" (2. Mose 3, 9-10)

Es scheint simpel. Ein Befehl: Geh und führe sie aus Ägypten. Sag dem Pharao, er soll sich fügen. Einfach, oder? Nun, wenn es jemand anderer als Gott sagte, würde es ziemlich albern wirken. Wenn aber der allmächtige Gott entschlossen ist, einzuschreiten, ist das alles andere als lachhaft. Zumindest ist das für uns offensichtlich. Mose hat aber noch so seine Zweifel.

"Was ist, wenn die Kinder Israels nicht auf mich hören?" fragt er Gott. „Woher werden sie wissen, dass du mich gesandt hast?" Und Gott ist sich nicht zu fein, sich zu beweisen. Er gibt Mose Wunder, die er vorführen soll. Er befiehlt ihm, seinen Hirtenstab auf den Boden zu werfen, der sich daraufhin in eine Schlange verwandelt, und seine Hand in die Falten seines Mantels zu stecken, die beim Rausziehen voller Aussatz ist.

„Wenn sie dir nicht glauben und sich durch das erste Zeichen nicht überzeugen lassen, werden sie auf das zweite Zeichen hin glauben. Glauben sie aber selbst nach diesen beiden Zeichen nicht und hören nicht auf dich, dann nimm etwas Nilwasser und schütte es auf trockenen Boden! Das Wasser, das du aus dem Nil geholt hast, wird auf dem Boden zu Blut werden." (2. Mose 4, 8-9)

Mose ist immer noch ängstlich. Wieder bittet er Gott, jemanden anderen zu senden, weil er sich selbst nicht für einen guten Redner hält. Und jetzt hat Gott genug davon. Er willigt zornig ein, ihm Aaron, Moses Bruder, zu schicken, um das Reden zu übernehmen, woraufhin Mose keine Argumente mehr bleiben. Die drei Wunder müssen ausreichen, um Gottes Volk seine Macht zu zeigen und Moses Berufung als ein gottgesandter Anführer zu bestätigen. Und es funktioniert. Mose führt dem Volk Israel die Wunder vor und

da glaubte das Volk, und als sie hörten, dass der HERR sich der
Israeliten angenommen und ihr Elend gesehen habe, verneigten sie
sich und warfen sich vor ihm nieder. (2. Mose 4, 31)

Genauso kommt Gott, um uns zu retten. Er findet uns da, wo wir sind, in unseren Fesseln zu ihm schreiend. Er antwortet auf unser Schreien mit einer unbestreitbaren Offenbarung seiner selbst als die Quelle von Sicherheit und Versorgung. Wenn wir es nicht recht glauben können, gibt er uns Zeichen und Wunder, um seine Existenz und Liebe zu uns zweifelsfrei zu beweisen. Das habe ich schon in vielen Bekehrungsgeschichten gesehen.

Laura[3] war Patientin in einer psychiatrischen Klinik, in Behandlung wegen schweren Burnouts, als sie einen Wendepunkt erreichte. Die Therapie half nicht. Sie war überwältigt von dem emotionalen Trauma, dem sie sich gezwungenermaßen zum ersten Mal in ihrem Leben stellen musste. Der Schmerz war unerträglich geworden. Entschlossen ihrem Leben ein Ende zu setzen, schrie sie ein letztes Mal zu Gott: „Wenn es dich gibt und du willst, dass ich lebe, tu etwas, um dich mir zu zeigen. Ansonsten beende ich das Ganze hier und jetzt."
Es war ihr Ernst. Sie hielt schon den Fön in der Hand, bereit in die Badewanne zu steigen und sich mit einem Stromschlag zu töten. Der Schrei kam aus ihrem Herzen und er bewegte Gott, einzuschreiten. Sekunden später kamen mehrere Menschen in ihr Zimmer gerannt, zwei Freunde und ein Pfleger. Alle drei riefen ihren Namen, weil sie alle gleichzeitig ganz plötzlich das starke Gefühl hatten:

---

[3] Alle Namen in diesem Buch wurden geändert, um Anonymität zu wahren.

Etwas stimmte nicht bei Laura. Ihr Leben wurde an diesem Tag gerettet. Und das war nur die erste von mehreren unbestreitbaren Begegnungen mit Gott. Sie begann Gott Fragen zu stellen, und er sandte sofort Menschen ihres Wegs, die sie ihr beantworten konnten. Manchmal schlief sie abends mit einem Problem in Gedanken ein und wachte morgens mit dem Impuls auf, etwas bestimmtes im Internet zu suchen. Obwohl das gar nichts mit dem Problem zu tun zu haben schien, hielt es irgendwie dennoch die Antwort darauf bereit. Ihr Leben veränderte sich nach jener ersten erschütternden Begegnung mit Gott. Seither folgt sie ihm mit kindlichem Glauben und vertraut ihm, dass er ihr Schreien mit Wundern, Sicherheit und Versorgung beantwortet. Sei es in ihrer Ehe, ihrem Unternehmen oder ihrem Dienst.

Matthias war extrem skeptisch gegenüber Religion im Allgemeinen, als seine Mutter ihm von ihrem neugefundenen Glauben an Jesus erzählte. Er freute sich, dass sie glücklich war, aber er wollte damit nichts zu tun haben. Als sie Matthias bat, sie zu einem Gottesdienst zu begleiten, sagte er nur zu, weil sie sich gerade erst den Arm gebrochen hatte und deshalb nicht selbst Auto fahren konnte. Weil er nicht alleine im Auto warten wollte, setzte er sich mit in Gottesdienst. Mit hartem Herz und vor der Brust verschränkten Armen. Wenn es Gott gab, was er stark bezweifelte, war er weder gut noch mächtig, dachte Matthias bitter. Denn ein guter, mächtiger Gott hätte nicht zugelassen, dass sein Vater die Familie verlässt und Matthias' Vertrauen in Vaterfiguren jeder Art zerstört. Diese Leute hier mussten Wahnvorstellungen haben. Aber dann zeigte sich Gott, indem er direkt neben ihm Matthias' Mutter heilte. Ihre Schmerzen waren weg, sie konnte sich wieder ganz normal bewegen und als sie am nächsten Tag zum Arzt rannte, um von ihm zu verlangen, die Schrauben im Arm vier Wochen zu früh zu entfernen, musste der diese mit Gewalt aus dem wundersam schnell gewachsenen Knochen brechen. Matthias war geschockt; die Tür zu seinem Herzen war eingetreten. Jetzt war es offen, um dem Himmlischen Vater zu begegnen und eine Reise zu Heilung, neuer Bestimmung und einer eigenen liebevollen Familie zu beginnen.

Karolas Begegnung ereignete sich auf einer Auszeit zur Selbstentwicklung durch Lebenscoaching. Sie hatte vom Coach einen Stapel Karteikarten bekommen und war in den Wald geschickt worden. Es sollte so etwas wie eine angeleitete Pilgerreise sein. Auf jeder Karte standen Gedanken und Fragen über Natur, das Wesen hinter der Schöpfung und den Sinn des Ganzen. Die ersten paar Karten inspirierten Karola, die Aussicht, die frische Luft und die Schönheit um sie her zu genießen. Auf der nächsten Karte stand einfach nur: „Wenn es einen Schöpfer gibt, was denkst du wie er wohl ist?"
Karola dachte etwas darüber nach und hatte dann den Gedanken, einfach zu fragen: „Wenn es dich gibt, zeig mir wie du bist." Und gerade in dem Moment kam ein Reh aus dem Dickicht und blieb nur ein paar Meter vor ihr stehen. Für Karola war das eine bewegende Begegnung und gleichzeitig eine Antwort. Das Bild eines Rehs war für sie schon immer ein Symbol für Milde, Sanftheit und Harmonie gewesen; fast das genaue Gegenteil von dem, was sie insgeheim befürchtet hatte, wie Gott sei. Sie konnte es kaum glauben; das Reh stand still und starrte sie fast zehn Minuten an, bevor es sich umwandte und davonging. Karola fühlte sich schwindelig. Sie ging weiter, las die nächsten Karten und fand auf einer den Vorschlag: „Jetzt kannst du Gott fragen, was er von dir denkt." Sie ging

weiter, während sie Gott genau das fragte, musste aber abrupt stehen bleiben, weil direkt vor ihr auf dem Weg ihre Antwort lag: ein wunderschöner, herzförmiger Stein. Mit einem kleinen Rest an Zweifel schaute sie sich um, ob vielleicht alle Steine hier wie Herzen geformt waren. Aber keiner sah so aus, im Gegenteil, sie waren allesamt rau und scharfkantig. Nur dieser eine wunderschöne Herzstein, genau vor ihr platziert, war rund und glatt. Fast so als hätte Gott ihn nur für sie vom Himmel geworfen.

Ich könnte noch mehr Geschichten von dem Moment erzählen, in dem Gott eingegriffen und die Schreie von Menschen mit erschütternden Begegnungen, Zeichen und Wundern beantwortet hat. Er ist sich immer noch nicht zu fein, sich zu beweisen, er wird immer noch bewegt und ist um unser Leid besorgt. Er lässt nicht den Hauch eines Zweifels daran bestehen, dass es tatsächlich er ist, dem wir begegnen. Und er gibt uns immer noch, gleich in diesem ersten Moment, einen Vorgeschmack darauf, wie ein Leben mit ihm aussehen wird.

Wenn du also unsicher bist, ob es Gott gibt oder nicht, bitte ihn doch einfach, sich dir zu zeigen. Er ist mehr als bereit, eine erschütternde Begegnung mit dir zu haben. Wenn du daran zweifelst, ob es sich lohnt ihm zu folgen, bitte ihn sich dir zu beweisen. Er ist mehr als bereit, dir Zeichen und Wunder zu schicken, damit du begreifen kannst, wie sehr er dich liebt. Rede dir nicht selber aus, an ihn zu glauben. Halte fest an der ersten überwältigenden Erkenntnis, dass Gott existiert, an der ersten Liebe, die er dir in der ersten erschütternden Begegnung gezeigt hat.

Vielleicht befürchtest du, Gott könnte zornig sein, weil du, genau wie Mose, um mehr und mehr Beweise gehandelt hast, anstatt ihm zu folgen. Wenn dich das anspricht, glaube mir: Es ist okay, Entschuldigung zu sagen. Bleib nicht in deinen Zweifeln und deiner falschen Anspruchshaltung auf ein weiteres Wunder stecken. Du kannst umkehren und Gott für all die Beweise, die er dir schon erbracht hat, danken. Ich habe über die Jahre gelernt: Weder meine Dummheiten oder meine Rebellion noch meine vergangenen, gegenwärtigen oder zukünftigen Sünden schockieren Gott im Mindesten. Wenn ich umkehre und ihn um eine Begegnung bitte, erfüllt er immer, immer, immer meine Bitte.

Vielleicht ist es Zeit für dich, herauszufinden, ob es Gott gibt oder nicht. Dann geh und bitte ihn um eine Begegnung. Vielleicht brauchst du zuverlässige Bestätigung, ob er dich wirklich liebt und dich aus deinem Ägypten befreien will. Dann geh und bitte ihn um deine drei Zeichen. Vielleicht tut es dir leid, dass du nie auf Gottes erste Begegnung mit dir reagiert hast. Vielleicht fragst du dich, ob er noch mitmachen will, ob er dich jetzt überhaupt noch haben will. Dann geh und bitte ihn um Vergebung.

Es braucht nur ein kleines Gebet, um einen großen Unterschied in deinem Leben und deiner Beziehung zum Himmlischen Vater zu machen. Du brauchst keine besonderen Worte, keinen Altar, keinen Priester und keine Kirche. Sag es einfach. Sag Gott, was du dir wünschst.

„Ich wünsche mir, dich als der ‚Ich bin' kennenzulernen. Ich möchte sicher sein, dass du gekommen bist, um mich zu retten, und mich liebst. Es tut mir leid, dass ich dir nicht gefolgt bin, obwohl du dich mir schon erwiesen hast. Jetzt möchte ich sehen wie du kommst, um mich aus meiner Unterdrückung zu retten."

Er wird die Gelegenheit, dir zu antworten, eifrig am Schopfe packen. Er kann es kaum erwarten, dich zu ihm zurückzubringen. Er ist wer er war, wer er ist und wer er sein wird. Er hat nichts unversucht gelassen, um sein Volk zu retten; er wird auch nichts unversucht lassen, dich zu retten.

Wenn er Gericht über die Ägypter gebracht hätte

Gleich nachdem er Mose den Auftrag gegeben hat, die Israeliten aus Ägypten zu führen, sagt Gott ihm:

> *„Wenn du gehst und nach Ägypten zurückkehrst, halte dir alle Wunder vor Augen, die ich in deine Hand gelegt habe, und vollbring sie vor dem Pharao! Ich will sein Herz verhärten, sodass er das Volk nicht ziehen lässt."* (2. Mose 4, 21)

Das scheint irgendwie unnötig kompliziert. Wenn der Allmächtige sein Volk da raus haben will, warum erweicht er nicht lieber das Herz des Pharaos, anstatt es zu verhärten? Das würde die Sache doch vereinfachen, oder? Aber anscheinend geht es Gott nicht um einfach, vielleicht weil seine vollkommene Freiheit etwas mehr braucht als nur aus der Unterdrückung hinauszuspazieren. Er ist entschlossen, vollständig zu befreien, mit Körper, Geist und Seele. Das braucht mehr als einen Schritt. Denn um sein Volk zu befreien, muss er nicht nur sie aus der Sklaverei, sondern auch den Sklaven aus ihnen herausholen. Israel muss sehen wie falsch die Weltanschauung, Überzeugungen und Selbstwahrnehmung sind, die ein Leben in Sklaverei ihnen aufgezwungen hat. Sie müssen sehen, dass die einzige Zivilisation, die sie bisher kannten, nicht der Nachahmung wert ist und Gott überhaupt nicht gefällt. Das müssen sie begreifen, bevor sie sich auf ihn einlassen. Sie müssen wissen, dass sie nicht Teil dieser Kultur bleiben und nicht die Lügen und Unsicherheiten glauben dürfen, die die Sklaverei ihnen eingeflößt hat. Indem Gott Gericht über

Ägypten bringt, räumt er alle Missverständnisse darüber aus dem Weg, was wahr und was ihm verhasst ist.

Außer des Pharaos verhärtetes Herz hat Mose noch ein anderes Problem, als er versucht, Gottes Auftrag zu folgen. Das Volk, das erst noch begeistert von den Wundern und der Aussicht auf Freiheit war, wendet sich schnell gegen ihn. Nachdem ihm Mose gesagt hat, er solle Gottes Volk ziehen lassen, lässt der Pharao Israel seinen Zorn spüren und macht ihre Arbeitslast untragbar, indem er sie zwingt, ihr Arbeitsmaterial selbst zu sammeln. Da diese ganze Ungerechtigkeit damit angefangen hat, dass Mose aufgetaucht ist und den Pharao provoziert hat, machen sie ihn auch dafür verantwortlich. Sie werden zornig auf ihn, weil er alles mit den Ägyptern verkompliziert hat, und sagen, alles wäre gut gewesen, bevor er aufgetaucht ist und die ganze Sklavensituation durcheinandergebracht hat. Später in der Wüste wiederholen sie ihre Schreie und erklären, sie wünschten, sie wären in Ägypten geblieben.

Unterdrückung hat ihre Spuren in den Israeliten hinterlassen. Sie haben sich bis zu einem gewissen Grad daran gewöhnt. Sie wollen den Ernst der Lage nicht wahrhaben. Damit sie überhaupt befreit werden wollen, müssen sie erst erfassen, wie ernst ihre Situation ist. Auf den ersten Blick scheint es, als verschlimmerte Gott die Umstände der Israeliten, um sie aus Ägypten herauszutreiben, was man als grausam auslegen könnte. Aber das Problem ist nicht die Arbeitslast oder die vorenthaltenen Materialien. Das Problem ist, dass Israel dem Pharao auf Gedeih und Verderb ausgeliefert ist. Er kann über ihrer aller Leben und Tod entscheiden, er hält alle Trümpfe in der Hand. Das ist es, was sie nicht wahrhaben wollen. Das ist es, was Gott sie erkennen lassen muss. Denn das ist es, wovon er sie befreien will.

Also kommen weder Israel noch Ägypten leicht davon. Stattdessen zeigt Gott sich als der einzige Gott mit der Macht zu retten und zu erlösen. Auch die Ägypter bekommen die Gelegenheit, ihn als den zu sehen, der er ist. Beide Völker lernen, dass sie auf falsche Götter vertraut haben. Indem er Gericht über Ägypten bringt, stellt Gott Israels Unterdrücker bloß und zwingt sie, ihr wahres Gesicht zu zeigen. Langsam und fast unwillig erkennen die Kinder Israels, dass sie wirklich von hier fortgehen und das Leben in Sklaverei hinter sich lassen müssen. Jahrhundertelang kannten sie nichts als Knechtschaft. Aber jetzt öffnet Gott ihnen die Augen und sie begreifen: Diese Situation ist wahrhaftig unerträglich, wir müssen hier raus!

Genau wie Israel fällt es uns auch oft schwer, zu erkennen, wie versklavt wir tatsächlich sind. Auch wir haben uns an unsere Situation gewöhnt und wollen den Stand der Dinge nicht wahrhaben. Wir schätzen unsere Sklaverei sogar zu einem gewissen Grad. Wir kennen uns gut aus und finden Sicherheit in den Mauern, die uns gefangen halten. Genau wie sein Volk reagieren wir auch oft auf Gottes Rettungsplan, indem wir einen Rückzieher machen. „Oh nein, Gott, du hast das falsch verstanden. Ich wollte es eigentlich nur etwas leichter haben, nur etwas weniger belastet leben. Kein Grund, dieses liebliche Land zu verlassen. Die Ägypter sollen mich nur etwas in Ruhe lassen, mehr will ich gar nicht."

Aber das wäre nicht Gottes wahre, bleibende Freiheit, oder? Deshalb muss er uns zeigen, wie unterdrückend unsere Situation wirklich ist. Und der beste Weg, unsere als gar nicht so schlimmes, nur etwas unbequemes Leben getarnte Unterdrückung zu entlarven, ist, Gericht zu bringen. Um die Umstände ins rechte Licht zu rücken. Um uns zu zeigen, wie schrecklich und zerstörerisch das Leben, an das wir uns gewöhnt haben, tatsächlich ist. Das kann ein sehr schmerzhafter Prozess sein. Aber es ist genau das, was wir brauchen. Denn Gott kann uns nicht von etwas befreien, was wir nicht mal als unterdrückend wahrnehmen. Unsere Unterdrückung muss bloßgestellt und als das offenbart werden, was sie wirklich ist.

Außerdem müssen wir erkennen, dass er anders als alles ist, was wir bis jetzt kennen. Wir müssen erfassen, dass er nicht im mindesten so ist, wie die Herren, mit denen wir vertraut sind. Wir müssen verstehen, dass wir nicht in der Zivilisation und Kultur bleiben können, in der wir aufgewachsen sind. Wir brauchen es, dass er uns die Augen für unseren wahren Zustand öffnet. Wir brauchen es, dass sein Licht direkt durch unsere Finsternis leuchtet, um zu begreifen: Diese Situation ist wahrhaftig unerträglich; wir müssen hier raus!

Doch wie reagieren wir auf diese Offenbarung? Meistens auf die gleiche Art wir die Israeliten. Zornig, verwirrt und bereit, jemanden anderen zu beschuldigen. „Hey Gott, das fühlt sich aber nicht wie Freiheit an. Ich wollte, dass du mich rettest, nicht, dass du kommst und alles schlimmer machst. Alles war gut, bevor du aufgetaucht bist und meine Sklaverei ruiniert hast!" Oder, falls wir bereits Gottes vollkommene Güte erfasst haben und uns nicht dazu durchringen können, ihn zu beschuldigen, muss es wohl der Feind sein, der uns fertigmachen möchte, während Gott uns anscheinend in unserer Not im Stich lässt. Beide

Reaktionen sind falsch und, schlimmer noch, sie halten uns von Gottes wahrer Freiheit fern. Wenn ich mir meinen wahren Zustand nicht eingestehen kann, sage ich Nein zur Wahrheit und Nein zu Gottes Erlösung. Wenn ich Gottes Gericht über meine Unterdrücker für einen Angriff halte, werde ich mich wahrscheinlich nicht demütigen und Gottes Freiheit suchen.

Gott bringt sein Gericht nicht über *uns*. Er will uns nicht zu irgendetwas zwingen, indem er uns schockt oder tyrannisiert. Er zeigt uns nur die Fakten, die wir bislang so fachmännisch verdrängt haben. Und mit der Offenbarung der manchmal sehr hässlichen Wahrheit kommt sein Angebot der Freiheit. Seine Einladung, uns von ihm aus den Händen unser Unterdrücker retten zu lassen.

Ich habe mehrere Wege gesehen und erlebt, wie Gott dieses Gericht bringt. Manchmal ist es einfach eine gewaltige Erkenntnis des wahren Stands der Dinge. Als würde Gott in uns alle Fähigkeit zu ertragen einfach ausschalten. So war es für meine Freundin Elisa. Mehrere Seelsorger und Freunde hatten ihr schon gesagt, dass sie ihre unterdrückende Wohnungssituation ändern müsse, um ihr Leben zu ändern
„Aber warum sollte ich?" fragte sie mich. „Ich fühl mich wohl hier, ich habe alles, was ich brauche, alles ist gut." Ich konnte nicht glauben, was ich da hörte. Fast nichts in ihrem Leben hätte ich als gut beschrieben. Es war erschreckend, dass sie das nicht sehen konnte. In meiner Verzweiflung sagte ich: „Dann kann ich nur noch beten, dass Gott dir zeigt, wie schrecklich deine Umstände tatsächlich sind."

Zwei Monate später telefonierte ich mit Elisa und als ich sie fragte, wie es ihr gehe, platzte sie heraus: „Mir geht's mies! Weil du gebetet hast, halte ich es hier nicht mehr aus! Es ist unerträglich, so zu leben, nichts ist gut! Ich will hier raus!"

Das klang danach, als gäbe sie mir die Schuld für ihre unausstehlichen Umstände, aber ohne diese Erkenntnis hätte Elisa ihr Herz nicht für Gottes Erlösung geöffnet. Sie wäre drei Monate später nicht zum ersten Mal in ihrem Leben alleine verreist und hätte vielleicht nie danach ein Studium begonnen.

Manchmal geschieht Gottes Gericht als Reaktion auf unser Verlangen, ihm näher zu sein. Denn um ihm näher zu kommen, ist es manchmal notwendig, Dinge loszulassen, die mich von ihm fernhalten. Sein Gericht lässt mich erkennen, welche meiner Gewohnheiten und meines Verhaltens mich unterdrücken, damit ich diese loslassen und stattdessen in wahre Nähe zu ihm treten kann. Ich kann mich an einen Jugendgottesdienst erinnern, in dem der Heilige Geist während des Lobpreises greifbar wirkte, und die Atmosphäre dicht war von der Liebe Gottes. In mir konnte aber nichts davon nichts spüren. Ich versuchte alles, sang lauter, betete inbrünstiger, nichts half. Also fragte ich Gott, was los war. Warum konnte ich seine offensichtliche Gegenwart nicht spüren?

„Weil dein Herz hart ist. Du schützt dich, indem du nichts an dich heranlässt, als komme ich auch nicht an dich heran."

Seine Antwort erschreckte mich. Ich hatte ihn niemals fernhalten wollen. Als ich an diesem Abend nach Hause kam, warf ich mich auf mein Bett, weinte für eine gefühlte Ewigkeit. Ich flehte Gott an, dass er mir ein fleischernes Herz geben möge statt dieses Steins, in den ich meines verwandelt hatte. Nach langem, verzweifeltem Schluchzen wirkte der Heilige Geist und ich spürte Frieden. Also stand ich auf, putzte meine Zähne und ging schlafen. In den darauffolgenden Wochen bemerkte ich zu mehreren Gelegenheiten, dass etwas in mir anders war. Wann immer ich einen herzerwärmenden Film sah, musste ich keine Witze mehr reißen, sondern konnte einfach gerührt sein. Manchmal zu Tränen. In Situationen, die mich normalerweise verletzt hätten, brauchte ich mich nicht mehr zu schützen, weil er als mein Beschützer auftrat. Nichts überwältigte mich mehr, ich konnte frei Gefühle fühlen, weil Gott jetzt mein Schutz und mein Trost war.

Wenn aber die bloße Erkenntnis nicht ausreicht, muss ich manchmal ziemlich erschüttert werden, bevor ich die Ernsthaftigkeit der Unterdrückung voll erfassen kann, an die ich mich gewöhnt habe. Das passiert meistens, indem die Dinge so lange furchtbar schief gehen, bis ich mit dem Rücken zur Wand stehe. Einmal wurde ich fast gefeuert, weil ich Sklave einer lähmenden Lüge war, die meine Fähigkeit, erfolgreich zu arbeiten, ernstlich einschränkte. Meine Chefin hatte mich zu einem Evaluationsgespräch bestellt und verzweifelte mehr und mehr mit mir, weil sie einfach nicht verstehen konnte, warum ich so sehr mit meiner Leistung hinter allen Erwartungen zurückblieb. „Du hast so viele Gaben, so viel Potential. Warum nutzt du nichts davon? Kannst du nicht sehen, wie begabt du bist? Siehst du dich selbst nicht als talentiert?"
Während sie ihrem Unmut Luft machte, fand in mir ein Dialog statt. Meine Seele schrie „Natürlich bin ich NICHT IM MINDESTEN talentiert! Ich habe nichts zu geben, nichts!", während mein Geist mit Gott sprach. „Ich weiß, dass das eine Lüge ist. Eine Lüge, von der ich schon oft bekannt habe, dass ich sie glaube. Ich habe dich gebeten, deine Wahrheit in mir aufzurichten. Warum kann ich das immer noch nicht glauben?" „Weil du es von deinem Vater

hören musst. Er hat dir nie gesagt, was für Begabungen er in dir sieht. Sein Schweigen hat diese Lüge in dir zementiert, sein Zuspruch wird sie brechen."

Also fuhr ich an diesem Abend zwei Stunden zum Haus meiner Eltern, um meinen Vater sagen zu hören, dass ich begabt bin. Und weil Gott Gott ist, setzte dieses Gespräch nicht nur mich frei, sondern meinen Vater ebenso.

Dieser Prozess des Gerichts und der Erkenntnis meiner Unterdrückung kann eine Menge Tränen kosten, kann schmerzhaft und beschwerlich sein. Aber weißt du was er immer ist? Unermesslich befreiend. Ich kann endlich loslassen und meinem Erretter dabei zusehen, wie er mich rettet. Das könnte nie geschehen, wenn ich immer noch glaubte, mein Leben sei ganz okay und nicht so schlimm. Ich brauche das Gericht, das Gott bringt, um endlich zu verstehen, in welchem Zustand ich bin. Ich brauche seine Rettung. Und er wird sich immer vollends für mich einsetzen. Immer.

Wie sieht es bei dir aus? Hast du dich schon mal in einer Situation wiedergefunden, in der deine Umstände plötzlich unverständlicherweise unerträglich wurden? Kannst du dich an Momente erinnern, wo du mit Erschrecken feststellen musstest, wie versklavt du tatsächlich bist? Oder fragst du dich vielleicht gerade, ob du wohlmöglich versklavt, aber einfach noch zu zufrieden mit deiner dir gut bekannten Unterdrückung bist?

Dann begehe nicht den Fehler, deine Situation falsch einzuschätzen. Verwechsle Gottes Einladung, dir seine vollkommene Freiheit zu geben, nicht mit einem Angriff des Bösen. Er sehnt sich danach, sich dir als die wahre Quelle aller Sicherheit, Versorgung und Erfüllung zu offenbaren. Aber damit er dir zeigen kann, wie sehr er dich will, musst du erkennen, wie sehr du ihn brauchst.

Vielleicht ist es an der Zeit zu sehen, welch große Chance deine unerträglichen Umstände dir bieten: Gott so zu begegnen, wie du ihn noch nie gesehen hast. Nutze vielleicht die Erkenntnis, dass du einen Erlöser brauchst, dazu, dich nach Gott und seiner Rettung auszustrecken. Frage vielleicht Gott, ob du zu zufrieden mit deiner Unterdrückung bist. Vielleicht ist es an der Zeit, aus der Kultur, in der du aufgewachsen bist, herauszutreten und Gott zu bitten, den Sklaven aus dir zu holen, um dich aus der Sklaverei zu holen. Auch hier reicht ein kurzes, ungezwungenes Gebet, um einen Unterschied zu machen. Nur eine kleine, von Herzen kommende Reaktion auf Gottes Offenbarung.

„In all meinen schrecklichen Umständen möchte ich dir begegnen, wie ich dich noch nie gesehen habe. Ich ertrage meine Unterdrückung nicht länger, bitte offenbare dich mir als mein Erlöser. Zeige mir, wo ich zu zufrieden mit meiner Situation bin, und hilf mir, die Kultur, in der ich aufgewachsen bin, hinter mir zu lassen. Bitte hole den Sklaven aus mir, um mich aus der Sklaverei zu holen."

Gott wird sich dir von Herzen gern offenbaren. Denn er liebt es, sich dir als der zu zeigen, der er wirklich ist: Dein Retter und dein Erlöser.

Wenn er Gericht über ihre Götter gebracht hätte

Nachdem er seinem Volk gezeigt hat, wie versklavt sie tatsächlich sind und wie sehr sie seine Rettung brauchen, tut Gott den nächsten Schritt. Um sie aus den Fängen ihrer Unterdrücker zu befreien, entfesselt er zehn Plagen über Ägypten, jede schrecklicher als die zuvor. Der Fluss, der das Land fruchtbar macht, wird in eine tödliche Blutpfütze verwandelt. Die Ernte wird von Heuschrecken verschlungen. Ein Großteil des Viehs stirbt. Frösche, Stechmücken, Läuse und Ausschläge plagen die Ägypter. Riesige Hagelkörner zerstören das Land. Die Sonne verfinstert sich und der Tod sucht jede Familie heim. Jeder Aspekt ägyptischen Lebens wird zerstört. Während Goschen, die Gegend, in der die Hebräer leben, unangetastet bleibt, wird der Rest Ägyptens völlig verwüstet und ihre Götter schweigen. Wieder und wieder muss der Pharao Mose anflehen, Gott um Ägyptens willen anzurufen. Er wird so verzweifelt, dass er verspricht, die Israeliten ziehen zu lassen, wenn nur die Plagen aufhören, nur um später wieder seine Meinung zu ändern. Also kommt noch eine Plage und dann noch eine, um den Pharao in die Knie zu zwingen und ihn dazu zu drängen, Gottes Volk endlich gehen zu lassen.

So scheint es zumindest. Oft werden die Plagen als notwendige Maßnahmen dargestellt, um den Pharao zur Freilassung Israels zu bewegen. In den meisten Nacherzählungen und Verfilmungen wird er als stolz und stur dargestellt, er scheint gebrochen werden zu müssen. Das kann aber nicht der Grund für die Plagen zu sein. Gott selbst sagt Mose mehr als einmal: ER wird das Herz des Pharaos verhärten. ER wird dafür sorgen, dass der Pharao Israel nicht gehen lässt. Was nur bedeuten kann, dass der

Pharao ohne Gottes Einmischung schon früher nachgegeben hätte. Aber warum macht sich Gott diese Mühe? Wenn er die Plagen gar nicht gebraucht hätte, um den Pharao in Zugzwang zu bringen, warum schickt er sie dann überhaupt? Er muss einen tieferen, bedeutsameren Grund haben, solchen Schrecken über Ägypten zu bringen. Wenn er Israel gar nicht wirklich aus den Fängen ihrer Unterdrücker hätte befreien müssen, für wessen Fänge sind die Plagen dann gedacht?

In 2. Mose 12, 12 gibt Gott Mose die Antwort auf genau diese Frage:

„Über alle Götter Ägyptens halte ich Gericht, ich, der HERR."

Das ist der Zweck der Plagen. Sie sind weder eine Machtdemonstration noch eine Notwendigkeit, um den Pharao zu brechen. Sie sind eine Darstellung von Gottes Allmacht und Herrschaft. Er will die ägyptischen Götter als falsche Götzen entlarven. Und er will sich selbst nicht nur als ein allmächtiger Retter, sondern auch als der einzig wahre Gott zeigen. Ägyptens Götter können nichts tun, um die Zerstörung aufzuhalten, ganz gleich wie sehr des Pharaos Priester und Zauberer zu ihnen rufen. Jede Plage muss ein erschütternder Schlag für die Ägypter gewesen sein. Sie hatten Götter für jeden Bereich des Lebens und keiner von ihnen kann irgendetwas gegen die Verwüstung tun. Keiner von ihnen schreitet ein, keiner von ihnen rettet Ägypten. Die Plagen erleiden zu müssen ist eine Sache. Aber dabei auch noch damit zurechtkommen zu müssen, von den Göttern, auf die sie vertraut hatten, verraten und verlassen zu werden? Das muss verheerend und demütigend gewesen sein. Ihre Götzen können weder Sicherheit noch Versorgung in diesem Ansturm bieten.

Einer nach dem anderen wird bloßgestellt und gedemütigt und somit als machtlos entlarvt.

Gott möchte, dass Israel das sieht und weiß. Sie sollen erkennen, dass er allein Gott ist und keiner der ägyptischen Götzen es wert ist, angebetet zu werden. Er möchte sein Volk aus den Fängen der einzigen Gottheiten, die sie bislang kannten, losreißen. Möchte sie davon befreien, ihr Vertrauen auf falsche Götzen zu setzen. Israel und Ägypten gleichermaßen werden Zeugen von Gottes Macht und Überlegenheit und erleben Gott als allmächtig, souverän und der einzig wahre Gott, die einzige wahre Quelle von Sicherheit und Versorgung.

Wir haben es auch nötig, aus den Fängen unserer Unterdrücker befreit zu werden. Wir haben es auch nötig zu sehen, dass unsere falschen Götter unfähig sind, Sicherheit und Versorgung zu bieten. Aber von welchen Götzen sprechen wir hier überhaupt? Um ehrlich zu sein, die Vorstellung von Götzendienst war für mich immer schwer zu begreifen. Außer dekorative Buddhafiguren habe ich in meinem Leben nie irgendwelche Götzen gesehen. Im aufgeklärten Europa, wo ich aufgewachsen bin, gab es Tempel, Altäre oder Götterstatuen nur in Museen. Und wann immer das Thema Götzendienst in der Sonntagsschule besprochen wurde, schien es auch kein einmütiges Verständnis darüber zu geben, nicht mal unter den Erwachsenen.

„Nun, dein Fernseher oder dein Hobby kann ein falscher Gott sein", war oft die einzige Erklärung, die wir damals bekamen. Diese Aussage erweckte den Anschein, als seien Götzen die Dinge, die meine Zeit beanspruchen und vielleicht meinen Fokus von Gott abwenden. Was mich damals denken ließ, Gott wollte, dass jeder das Leben eines

Einsiedlers lebt, wo nichts als Gebet an der Tagesordnung war, weil alles andere Götzendienst wäre. Das schien unpraktisch und nicht umsetzbar. Besonders weil damals die Schule den Großteil meiner Zeit in Anspruch nahm. Ich konnte mir einfach nicht vorstellen, dass Schule mein Götze sei.

Um zu verstehen was Götzen wirklich sind, ist es besser darauf zu schauen, was Gott ist und was wir durch den Fall des Menschen verloren haben. Wir sind als Freunde Gottes gemacht. Gemacht um in einer tiefen Beziehung mit ihm zu leben, von ihm abhängig und ohne ihn unvollständig zu sein. Wir haben ein Loch in unserer Seele, ebenso unendlich wie Gott selbst, und nur seine Fülle kann es ausfüllen. Ohne Gott müssen wir Sicherheit und Schutz anderweitig finden, müssen Versorgung anderweitig finden, müssen Erfüllung anderweitig finden. Als wir uns von Gott abwandten, nutzten wir also sofort unsere neuentdeckte Selbstbestimmung dafür, Ersatz zu finden, um mit allen notwendigen Mitteln dieses Loch zu stopfen. Wenn man die bekannten polytheistischen Kulturen der Geschichte betrachtet, sieht man, dass die Menschheit, wenn sie Götter anbetet, immer nach demselben sucht: Beschütze mich, versorge mich, gib meinem Leben Erfüllung durch Bedeutung, Ausrichtung, Zufriedenheit und Hoffnung auf Ewigkeit. Ägypten verehrte den Fluss, der dem Land Fruchtbarkeit und Wohlstand brachte. Sie verehrten Rinder, die Verkörperung ihres Reichtums. Sie verehrten die Sonne, die Leben brachte. Sie verehrten Götter der Heilung und Auferstehung. Das waren die Götter, die Israel bis jetzt kannte; bis Gott sich mächtig als die einzig wahre Quelle von Sicherheit, Versorgung und Erfüllung offenbart.

Bis heute suchen wir Fülle, um uns vollständig zu fühlen. Bis heute haben wir dieses unendliche Loch in unserer Seele. Falsche Sicherheiten, falsche Versorgung und falsche Erfüllung versuchen wir in uns hineinzupressen. Dieses Loch ist also ziemlich vollgestopft, wenn Gott uns in unserem persönlichen Ägypten findet. Wenn er uns seine Fülle geben will, muss er erstmal all die Ersatzerfüllung rausräumen. Alles, worauf wir vertrauen, steht uns dabei im Weg, Gott als unsere Sicherheit zu erleben. Alles, woher wir Erhaltung erhoffen, steht uns dabei im Weg, Gott als unsere Versorgung zu erleben. Alles, wovon wir Bedeutung, Ausrichtung, Zufriedenheit und Hoffnung auf Ewigkeit erwarten, steht uns dabei im Weg, Gott als unsere Erfüllung zu erleben.

Lange Zeit habe ich auf Sarkasmus, schwarzen Humor und Verachtung gebaut, um mein Herz vor Schmerz zu schützen. Das war meine falsche Sicherheit, mein Götze. Ich trug es vor mir her wie ein Schild und nutzte es wie ein Schwert. Es funktionierte solange, bis ich so hartherzig und emotional distanziert davon wurde, dass ich Gottes Nähe nicht mehr erleben konnte. Gott demaskierte meine Götzen als meine wahren Unterdrücker, indem er mir zeigte, wie unfähig und machtlos diese falschen Götter waren. Anstatt mich zu schützen, wurde ich davon gebunden und musste hinter meinen eigenen emotionalen Mauern verhungern. Um davon frei zu werden, musste ich diese Rüstung von Selbstschutz ablegen und blind vertrauen, dass Gott mein Beschützer sein würde, wie er es versprochen hat.

In ihrer Kindheit in einer erdrückenden Familie voller co-abhängiger Beziehungen hatte Elisabeth gelernt, dass sie immer auf der Hut sein musste; stets bereit, Situationen zu entschärfen, bevor sie eskalieren. Weil sie ständig emotionale Attacken umschiffen musste, wurden Voraussicht, Beschwichtigung und übertriebenes Verantwortungsgefühl ihre Götzen. Das fesselte sie mit Verdammnis und Scham und ließ sie ständig völlig erschöpft um ihr Leben bangen. Eins nach dem anderen ging Gott diese Probleme an, zeigte Elisabeth, dass er so ganz anders ist, dass er für sie sorgt, friedlich ist und sie nie überfordert. Bis sie ihm genug vertraute, um ihr Sicherheitssystem abzulegen und ein neues Leben mit ihm als ihren Beschützer anzufangen.

Richard war in Behandlung wegen Burnout und schweren Panikattacken, als er erkennen musste, dass finanzielle Stabilität und sozialer Status die Götter waren, von denen er Sicherheit erwartete. Obwohl er ein angesehener, wohlhabender Mann war, lebte er in der ständigen Angst, dass sein Unternehmen pleitegehen und sein Ruf zerstört werden könnte. Das Erstaunliche daran war, dass er überhaupt nicht mehr der Inhaber des Unternehmens war. Sein Sohn hatte die Firma schon Jahre vorher übernommen. Trotzdem war Richards Selbstwert und Sicherheitsempfingen unwiderruflich mit dem Erfolg des Unternehmens verbunden. Als Gott ihm wahren Wert und Schutz gab, veränderte sich Richards Leben dramatisch. Sich von seinen alten Göttern ab und zu der wahre Quelle von Sicherheit und Versorgung hinzuwenden, befreite ihn von Panikattacken und gab ihm neue Kraft und Ausrichtung.

Diese falschen Sicherheiten loszulassen, braucht oft einen Vertrauensvorschuss. Denn wenn ich das loslasse, was mich vor Schaden und Schmerz bewahrt hat, bin ich erst einmal schutzlos, und das ist gruselig. Es kann sich sogar lebensbedrohlich anfühlen. Aber Gott hat Geduld mit uns. Um mich in seine tiefgreifende Freiheit zu führen, offenbart er mir nicht nur liebevoll meine Unterdrückung, sondern auch meine Ersatzerfüllung: Meine falschen Götter, meine falschen Sicherheiten, meinen Selbstschutz, und alles, was ich sonst noch nutze, um das Gott-förmige Loch in mir zu stopfen. All die Dinge, von denen ich dachte, dass ich sie zum Überleben brauche, werden ins rechte Licht gerückt. Damit ich begreifen kann, dass sie mir stattdessen Tod gebracht haben. Was dann passiert, wenn wir zu Gott gehen, um das Loch in uns füllen zu lassen, steht in Jesaja 61, 1-3. Gute Botschaft für die Elenden, Heilung für die, die zerbrochenen Herzens sind, Freiheit für Gefangene und Befreiung für Gebundene, Trost für Trauernde, Schmuck statt Asche, Freudenöl statt Trauer, und Ruhm statt Verzweiflung. Alles wird für etwas unendlich Besseres ausgetauscht: die Fülle Gottes.

Was denkst du, was das Gott-förmige Loch in deiner Seele zustopft? Zu wem oder was wendest du dich, wenn du Sicherheit, Versorgung und Erfüllung suchst? Vielleicht weißt du schon ganz genau, in welchem Bereich deines Lebens du dein Vertrauen auf etwas anderes als Gott setzt. Vielleicht hat deine Suche nach Sicherheit, Versorgung und Erfüllung dich zu ziemlich sündigem Verhalten getrieben und ziemlich zerstörerische Gewohnheiten in dir geprägt. Vielleicht erschüttert Gott dein Leben gerade, um vor deinen Augen deine falschen Sicherheiten zu entlarven und ins rechte Licht zu rücken. Egal, wo du in diesem Prozess gerade stehst, eines ist absolut sicher: Gott wird dich retten, dich versorgen und dich erfüllen, wenn du ihn nur lässt. Weder Sünde noch Scham noch Götzendienst werden Gott davon abhalten, dir zu Hilfe zu eilen. Du musst ihn nur bitten.

„Ich weiß, ich habe bei falschen Göttern nach Sicherheit, Versorgung und Erfüllung gesucht. Ich habe versucht, meine Seele mit Dingen zu füllen, die mich zerbrochen, gebunden und gefesselt zurückgelassen haben. Jetzt erkenne ich, wie falsch das war. Jetzt weiß ich: Wahre Freiheit ist nur in dir zu finden. Bitte komm und löse meine selbstgemachten Fesseln. Von jetzt an will ich darauf vertrauen, dass du mein Erlöser, mein Versorger und die Quelle meiner Erfüllung bist."

Du wirst sehen, dass alles, was du Gott auf den Altar legst, alles, was du aufgibst, für etwas unendlich viel Besseres ausgetauscht wird: Die Fülle Gottes.

Wenn er die Erstgeborenen getötet hätte

Neun Plagen sind gekommen und gegangen. Neunmal wurden Götzen entlarvt und gedemütigt. Neunmal wurde Ägypten zerstört, während Goschen vom Schrecken, der das Land heimsuchte, verschont blieb. Achtmal bat der Pharao Mose, stellvertretend zu Gott zu beten, und versprach dafür Israel die Freiheit. Achtmal verhärtete Gott das Herz des Pharaos, sodass er sie nicht gehen ließ.

Die zehnte Plage ist jedoch anders. Es wird das letzte Mal sein, dass Gott Gericht über die Götzen Ägyptens bringt. Danach, so teilt Gott Mose mit, wird der Pharao sie nicht nur gehen lassen, sondern sie sogar aus dem Land jagen. Also sollen sie sich zur Abreise bereit machen.

„Und Mose sprach: So spricht der HERR: Um Mitternacht will ich durch Ägypten gehen, und alle Erstgeburt in Ägyptenland soll sterben, vom ersten Sohn des Pharaos an, der auf seinem Thron sitzt, bis zum ersten Sohn der Magd, die hinter ihrer Mühle hockt, und alle Erstgeburt unter dem Vieh.“ (2. Mose 11, 4+5)

„Dieser Monat soll bei euch der erste Monat sein, und von ihm an sollt ihr die Monate des Jahres zählen. Sagt der ganzen Gemeinde Israel: Am zehnten Tage dieses Monats nehme jeder Hausvater ein Lamm, je ein Lamm für ein Haus. Wenn aber in einem Hause für ein Lamm zu wenige sind, so nehme er's mit seinem Nachbarn, der seinem Hause am nächsten wohnt, bis es so viele sind, dass sie das Lamm aufessen können. Ihr sollt aber ein solches Lamm nehmen, an dem kein Fehler ist, ein männliches Tier, ein Jahr alt. Von den Schafen und Ziegen sollt ihr's nehmen.“ […] „So sollt ihr's aber

essen: Um eure Lenden sollt ihr gegürtet sein und eure Schuhe an euren Füßen haben und den Stab in der Hand und sollt es in Eile essen; es ist des HERRN Passah. Denn ich will in derselben Nacht durch Ägyptenland gehen und alle Erstgeburt schlagen in Ägyptenland unter Mensch und Vieh und will Strafgericht halten über alle Götter der Ägypter. Ich bin der HERR. Dann aber soll das Blut euer Zeichen sein an den Häusern, in denen ihr seid: Wo ich das Blut sehe, will ich an euch vorübergehen, und die Plage soll euch nicht widerfahren, die das Verderben bringt, wenn ich Ägyptenland schlage. Ihr sollt diesen Tag als Gedenktag haben und sollt ihn feiern als ein Fest für den HERRN, ihr und alle eure Nachkommen, als ewige Ordnung." (2. Mose 12, 2-6 und 11-14)

Dieser letzte Schlag, um sein Volk zu befreien, ist eine Sache von Leben und Tod. Sowohl für Israel als auch für ihre Unterdrücker. Dieses Mal wird die Plage beide Lager treffen, wenn sie sich nicht Gottes Vorgaben entsprechend darauf vorbereiten. Er gibt sehr klare Instruktionen, wie man von dieser schrecklichsten Plage verschont bleiben kann. Und zusammen mit diesen Instruktionen verordnet er: Sein Volk solle von nun an jedes Jahr dieses Tages zur Feier ihrer Befreiung gedenken. In jedem israelischen Haushalt soll an diesem Abend ein Lamm geschlachtet werden und das Blut des Tieres soll an den Rahmen der Haustür gestrichen werden. Das Blut wird ein Zeichen sein, dass dieses Haus von Gott verschont bleibt.

Aber warum ist es dieses Mal anders als die neun Male zuvor? Warum müssen sie sich dieses Mal darum bemühen, verschont zu werden? Warum muss in jedem Haus Blut vergossen werden? Und warum ist dieses

Ereignis Gott so wichtig, dass er den Israeliten schon während es passiert befiehlt, sich daran zu erinnern? Es muss in Gottes Befreiungsplan besondere Bedeutung haben. Es kann nicht nur darum gehen, den ägyptischen Gott des Todes zu demütigen, denn dieses Mal muss der Pharao nachher nicht den Gott Israels um Hilfe bitten. Diese Plage scheint nicht dafür da zu sein, um die Ägypter unter Druck zu setzen. Es scheint eher als MÜSSTE diese Plage geschehen. Während die anderen Götzen als unfähig entlarvt werden mussten, weil sie anzubeten fehlgeleitete und somit enttäuschte Hoffnung gewesen wäre, scheint der Gott des Todes einen rechtmäßigen Anspruch auf das Volk Israel zu haben. Einen Anspruch der mit Blut gebrochen werden muss. Ist das Gottes Absicht hinter der ganzen Aktion?

An jenem Sederabend im Hause meiner Eltern, nachdem der Heilige Geist mir diese Offenbarung gegeben hatte und als alle Gäste gegangen waren, sprudelte ich vor Begeisterung über. Mama, Papa und ich waren in der Küche am Abwaschen, während ich enthusiastisch drauflosredete, um ihnen von dem zu erzählen, was mir gerade eben während des Lesens des Dajenus aufgegangen war. Zu jedem Vers konnte ich sofort ein Bespiel aus meinem Leben nennen, um zu zeigen, dass das immer noch Gottes Weg ist, uns zu retten. Zu jedem Vers außer dem vierten. In meiner Begeisterung übersprang ich ihn einfach und sprach stattdessen von den anderen. Zwei Jahre später, als ich zum ersten Mal versuchte, diese Offenbarung in Worte zu fassen, blieb ich wieder bei diesem Vers stecken. Ich konnte immer noch nicht die Rolle erkennen, die die zehnte Plage in Gottes Rettungsplan spielte. Warum die Erstgeburt umbringen? Worum ging es dabei?

Der Heilige Geist antwortete mir mit einer Frage: „Nun, wer ist denn Gottes Erstgeborener, der getötet wurde?" Und wieder ging diese Frage nieder wie ein Schwert und öffnete ein dickes Buch Wahrheit in meinem Kopf. Natürlich! Diese Plage ist die Ankündigung auf Jesus! Es geht nicht darum, den ägyptischen Gott des Todes als machtlos zu entlarven, sondern darum, den Tod selbst zu überwinden! Der Tod der Erstgeburt ist die wichtigste Plage von allen, weil sie Gott als den Bezwinger des Todes zeigt. Derselbe Tod, den jeder Mensch für seine Sünde verdient hat. Diese Plage kann Israel also gar nicht unberührt lassen, denn jeder von ihnen muss von ewiger Verdammnis befreit werden. So weit geht Gottes Freiheit: Freiheit von Tod, von ewiger Trennung von Gott. Es ist das Blut des Lammes, das Blut der Erstgeburt, das die Beziehung zu Gott so wiederherstellt, wie sie in Eden war. Deshalb hat es Gott auf sich genommen, das Herz des Pharaos zu verhärten. Denn es hätte nicht gereicht, sein Volk mit Körper, Geist und Seele aus Ägypten zu befreien. Er wollte, dass sie vom Tod selbst frei seien, wollte, dass sie frei seien, wieder in die liebevolle, erfüllende Beziehung mit dem Himmlischen Vater zu treten.

Um den Tod zu überwinden, muss Blut vergossen werden. Es reicht nicht aus, Sklaverei und falsche Götter zu verlassen. Um wahrhaft frei zu sein, muss das Todesurteil, das die Sünde über den Menschen gebracht hat, aufgehoben werden. Und Gott tut das, indem er selbst einschreitet. Weil er Mensch wurde und sein eigenes Blut vergoss, konnte unseres verschont werden. Indem sie ihre Türen mit dem Blut des Passahlammes bestreichen, verkünden die Israeliten den Sieg des Lammes, das noch kommen wird: Jesus.

Diese Plage bringt die Kinder Israels an eine Wegscheide. Zum ersten Mal seit Gott sich Mose offenbart hat, sind sie genötigt zu handeln. Wenn sie von der zehnten Plage verschont bleiben wollen, müssen sie etwas tun. Sie müssen aktiv in den Bund mit Gott eintreten, indem sie gehorchen und seine Befehle befolgen. Sie müssen diesen Schritt selbst machen, müssen entscheiden, ob sie Gott folgen wollen oder nicht. Ob sie von ewiger Verdammnis befreit werden wollen oder nicht. Es ist ihre Entscheidung. Es sind ihre eigenen Hände, die das Blut an ihre Türrahmen streichen. Ihr eigener Entschluss den Sieg des Lammes, das noch kommen wird, zu verkünden.

Genauso macht Gott nicht dabei Halt, mich mit Körper, Geist und Seele von Unterdrückung zu befreien. Er will mich vom Tod selbst befreien. Indem er seinen Erstgeborenen an meiner Stelle sterben lässt. Indem er mir erlaubt, das Blut des Lammes an meinen Türrahmen zu streichen, damit der Tod an mir vorüber geht. Das ist es, was Jesus für mich und uns alle getan hat. Deshalb befahl Gott, nach Israels Auszug aus Ägypten jedes Jahr ein Lamm zu opfern. Um uns und sich selbst an den Erstgeborenen zu erinnern, der geopfert werden würde, um ein für alle Mal den Tod zu besiegen. Nachdem er also meine Not nach einem Retter gesehen hat, mich in meiner Gebundenheit ergriffen hat, mir meinen wahren Zustand offenbart hat und mich aus dem Bann meiner Götzen gerissen hat, opfert er sich selbst, um den Fluch des Todes über mir zu brechen. Damit ich heraus aus meinem Dreck hinein in seine Herrlichkeit treten kann. Die Herrlichkeit, für die ich geschaffen wurde. So tief geht Gottes Freiheit. Bis in den Tod und zurück. Und bis in die Ewigkeit.

Genau wie die Kinder Israels bringt Jesu Opfer mich an einen Scheideweg. Wenn ich möchte, dass sein Tod und seine Auferstehung auch für mich gelten und dass Gott mich von ewiger Verdammnis rettet, muss ich aktiv in seinen Bund treten. Muss ich zustimmen, seiner Führung aus Ägypten zu folgen. Da ich in einem gläubigen Elternhaus aufgewachsen bin, war mir stets bewusst, dass Gott existiert. Ich habe keine richtige Bekehrungsgeschichte. Ich hatte nie diese erste, erschütternde Begegnung mit Gott. Er musste mir nie beweisen, dass es ihn gibt. Aber ich musste mich trotzdem entscheiden. Missionarin und Autorin Ingrid Trobisch sagte immer, du kannst kein Enkelkind Gottes sein. Nur weil meine Eltern Gott folgten, war ich nicht automatisch gerettet. Ich werde auch von Jesu Erlösungsangebot an einen Scheideweg geführt. Ich muss den Schritt in Gottes Rettungsplan selbst tun. Dieser Schritt in Gottes Bund, dieses Ja zu seinem Rettungsplan ist keine einmalige Sache. Während ich lerne, mit ihm zu gehen, werde ich mich immer wieder an einem Scheideweg finden. Wieder und wieder werde ich merken, dass es meine Entscheidung ist, ob ich Gott in seine Freiheit folgen will oder nicht. Es ist mein Schritt. Und es ist die größte Hoffnung, die wir haben. Zu wissen, dass der Tod, in den uns unsere Sünde verstrickt hat, besiegt ist und dass der Weg zurück zu unserem Himmlischen Vater frei ist. Weil Gottes Erstgeburt für uns gestorben ist, können wir uns, wann immer wir von den Konsequenzen unserer Selbstbestimmung gebunden sind, zu Gott wenden und um das Blut des Lammes bitten. Und wieder und wieder werden wir erleben, dass Jesu Tod und Auferstehung für uns gelten.

Falls du im Herzen spürst, wie Gott dir Dinge über das ewige Leben, das er dir durch das Opfer seines Sohnes geben möchte, zuflüstert. Falls du spürst, wie er dich zu sich zieht und dich einlädt, in seinen Bund zu treten. Falls du, zum ersten oder hundertsten Mal, begreifst, dass du das Blut des Lammes, den Tod der Erstgeburt brauchst, um von dem Tod, den du verdient hast, gerettet zu werden, bist auch du jetzt an einem Scheideweg. Du kannst entscheiden, ob du dabei sein möchtest oder nicht. Gott wird sich dir niemals aufdrängen. Er bietet dir lediglich das Erbarmen an, den ewigen Tod an die vorüber gehen zu lassen.

Du musst einfach nur sagen: „Ich bin dabei. Ich möchte in deinen Bund treten und deinem Rettungsplan folgen. Zum ersten oder vielleicht zum wiederholten Male. Ich möchte teilhaben an Jesu Auferstehung. Ich nehme dein Geschenk der Erlösung gerne an. Bitte komm und verändere mein Leben. Komm und führe mich in deine vollkommene Freiheit. Lehre mich, nur bei dir Sicherheit, Versorgung und Erfüllung zu suchen. Ich bin mit Haut und Haar dabei.”

Wie Gott es ihnen vor Jahrtausenden geboten hat, gedenken und feiern alle Juden den Moment, an dem sie aktiv seine Erlösung annahmen, indem sie das Blut des Lammes an ihre Türrahmen strichen. Jedes Jahr zum Passahfest und jede Woche zum Schabbat. Christen aller Konfessionen gedenken und feiern den Moment als sie aktiv Gottes Befreiung annahmen, indem sie Ja zu seinem Angebot sagten. Jedes Jahr zu Ostern und immer, wenn sie Abendmahl feiern. Es ist es wert, gefeiert zu werden. Wir müssen dem gedenken. Denn es ist das größte Erbarmen, in Gottes tiefe, ewige Freiheit treten und somit zurück in seinen Arm zu dürfen. Genau dahin, wo wir hingehören.

Wenn er uns ihren Wohlstand gegeben hätte

Im selben Atemzug mit den Anordnungen für das Passahlamm und dass sie sich für den Auszug bereitmachen sollen, sagt Gott den Israeliten noch etwas anderes. Er schickt sie los, dass sie ihre ägyptischen Nachbarn um alle möglichen Geräte aus Silber und Gold bitten sollen. Das muss seltsam gewesen sein, diesen Auftrag auszuführen. Warum um alles in der Welt sollten die Ägypter ihnen überhaupt irgendetwas geben, geschweige denn Silber und Gold? Es ergibt keinen rechten Sinn. Aber ich schätze, dass für die Israeliten bis zu diesem Zeitpunkt eh nichts sonderlich viel Sinn ergeben hat. Alles war immer noch von den Folgen der Plagen erschüttert. Vielleicht folgten die Israeliten einfach deshalb Gottes Anweisungen, weil sie es auch nicht besser wussten. Schließlich stand die Welt gerade ziemlich Kopf. Also gehen sie hin und bitten die Ägypter um Gold und Silber und stellen dabei fest: Gott gibt ihnen Gunst bei ihren Unterdrückern. Großzügig geben sie den wahrscheinlich sehr überraschten Israeliten, worum sie bitten.

Das ist doch eine sehr besondere Art zu plündern, oder? Sie gehen einfach zu ihren Unterdrückern und bekommen alle Schätze, um die sie bitten. Einfach so. Das ist der erste Akt der Gnade statt des Erbarmens in Gottes Rettungsprozess. Was meine ich mit dieser Unterscheidung? Sind Erbarmen und Gnade nicht Synonyme? Nicht ganz. Erbarmen ist die Güte, nicht zu bekommen, was man verdient hat, und Gnade die Güte zu bekommen, was man nicht verdient hat. Aus Erbarmen befreit Gott sein Volk aus der Sklaverei, befreit sie von den falschen Göttern, die sie vor ihm kannten, und rettet sie vor dem Tod, den sie für ihre Sünden verdient hätten. Und nun überschüttet er sie aus Gnade mit Reichtümern. Nicht irgendwelchen Reichtümern. Nein! Er überschüttet sie mit dem Wohlstand ihrer Unterdrücker.

Ich liebe das. Denn genauso ist Gottes Güte auch mir gegenüber. Weil Gott sich meiner erbarmt, muss ich keine Unterdrückung, falsche Hoffnungen, falsche Sicherheiten, falsche Götter und Tod erleiden, obwohl ich es verdient hätte. Und weil er mir gnädig ist, hört es damit nicht auf. Denn dann überschüttet mich Gott mit Güte, indem er Leben gibt, wo Tod herrschte, Trost statt Verzweiflung, Freude statt Traurigkeit, Gesundheit statt Krankheit. Und obendrein verwandelt er meine Unterdrückung in Sieg, indem er mir Autorität über meine Vergangenheit gibt und das, was mich hatte zerstören sollen, in eine Stärke verwandelt, die ihn verherrlicht.

Ich habe Gott dieses gleiche Wunder überall tun sehen. Marion wurde in ihrer Kindheit von einem Verwandten sexuell missbraucht. Dann erlebte sie, wie Gott sie tröstete, ihre Wunden heilte, ihr gebrochenes Herz wiederherstellte und sie zu einer starken Frau mit gesunden Beziehungen und einer liebevollen Familie machte. Und obendrein gebraucht Gott sie immer wieder, anderen mit ähnlicher Vergangenheit zu helfen zu vergeben und geheilt und freigesetzt zu werden. Ihr größter Schmerz wurde durch Gottes Gnade in einen großen Sieg verwandelt.

Anna erlitt eine Fehlgeburt, betrauerte diese offen und teilte ihre Traurigkeit, ihren Zorn und ihre Verzweiflung mit manchmal brutaler Ehrlichkeit. Plötzlich schienen aus allen Löchern Frauen mit der gleichen Erfahrung gekrochen zu kommen, die durch Annas offene Tränen endlich erkannten, dass der Verlust eines Babys ein größerer Schmerz war, als sie sich bis dahin zu spüren erlaubt hatten. Endlich konnten sie es wagen, mit sich selbst ehrlich zu sein und sich für Gottes Trost und Heilung zu öffnen.

Carla erlebte Gottes Erlösung und Wiederherstellung nach ihrem Burnout. Vorher hatte sie Entspannung und neue Kraft in esoterischen Praktiken gesucht, was sie geistlich gebunden und ihr Panikattacken und Schlafstörungen gebracht hatte. Nachdem Gott sie freigesetzt hatte, nutzte sie ihr Wissen zur Entwicklung einer Strategie, andere aus ihrem Burnout in Gottes vollkommene Freiheit zu führen.

Und ich selbst liebe es, Menschen zu ermutigen, Gott die Mauern um ihre Herzen abtragen zu lassen, ihren Selbstschutz aufzugeben und ihn zu bitten, sie stattdessen zu schützen, weil ich selbst erlebt habe, wie Gott mich von meinem eigenen harten Herz befreit hat. Alles Schätze aus dem Land unserer Unterdrückung. Alles aus Gottes Gnade.

Weil wir in einer gefallenen Welt leben, gibt es keine Garantie, dass wir nie verletzt werden. Aber Gott gewährt uns etwas Besseres: die Schätze aus dem Land unserer Unterdrückung. Dass Gott denen, die ihn lieben, alle Dinge zum Besten dienen lässt. (Römer 8,28) Gottes vollkommene Befreiung ist auch Gottes vollkommener Sieg. Wir müssen ihn uns nur befreien lassen, uns trösten lassen, uns heilen lassen und ihn sich verherrlichen lassen, indem er die Schätze unseres persönlichen Ägyptens hervorbringt. Und uns Sieg geben lassen, obwohl wir es nicht verdient haben.

Wenn du dich von deinem persönlichen Ägypten geschlagen und gebrochen fühlst, gibt es große Hoffnung für dich. Wenn du manchmal immer noch die Last deiner Vergangenheit auf dir spürst und merkst, wieviel du noch mit dir herumträgst, möchte Gott dir erstaunliche Gnade zeigen. Er wird dir die Schätze deiner Unterdrückung geben. Er wird das, was dich hatte zerstören sollen, in einen Sieg zu seiner Ehre verwandeln. Vielleicht kannst du es noch nicht sehen. Vielleicht kannst du gerade nur Zerstörung und Belastung sehen. Aber Gott hat versprochen, durch den Präzedenzfall, den er mit seinem Volk geschaffen hat, dass er dir die Schätze deiner Unterdrückung geben wird. Er wird denen, die ihn lieben, alle Dinge zum Besten dienen lassen. Was immer du ihm anvertraust, die Wunden, den Schmerz, das Versagen, die Verzweiflung, er wird es zu seiner Ehre in Gold verwandeln. Alles, was es braucht, ist, dass du ihm erlaubst, dich zu befreien. Dass du deine Vergangenheit in seine Hände legst.

„Gott, ich sehne mich danach, von meiner Vergangenheit frei zu werden. Ich sehne mich nach deinem Trost, deiner Heilung und deinem Leben. Erbarme dich und rette mich und sei mir gnädig und gib mir die Schätze meiner Unterdrückung."

Es ist ihm ein Vergnügen und uns eine Freude, wenn er unsere Vergangenheit in eine goldene Zukunft verwandelt. Und eine unermessliche Gnade.

Gottes vollkommene Befreiung

Die ersten fünf Verse des Dajenus, die „fünf Verse des Weges aus der Sklaverei" sind für mich die beste Darstellung davon, wie Gott rettet. Sie spiegeln perfekt seinen Prozess wider, wie er mich aus Unterdrückung, Sünde, Lügen und sogar Tod befreit. Ich kann diese fünf Schritte als Leitfaden nutzen und mich immer wieder mal fragen: Hat Gott mich gerade gebunden und unterdrückt von Sünde gefunden? Muss ich den Ernst meiner Lage erkennen? Muss ich ihm einmal mehr erlauben, das mir Vertraute als falsche Götter zu entlarven? Muss ich mich wieder daran erinnern, dass Gott seinen Erstgeborenen gegeben hat, um mich vom Tod zu retten? Und vertraue ich darauf, dass er meine Unterdrückung in Sieg verwandeln wird? Egal wo ich in diesem Prozess gerade stehe, der nächste Schritt wird mich freier machen und mich tiefer in die Beziehung führen, für die ich geschaffen wurde. Ich liebe das! Befreiung kann vollkommener nicht sein. Und Israel wurde so vollkommen gerettet, bevor sie Gott auch nur Antwort auf sein Angebot der Liebe geben. Das geht völlig gegen unser Denken. Gott hat bis jetzt noch nicht mal etwas davon. Er hat keine Garantie dafür, dass Israel Ja zu seinem Bund sagt. Dieser ganze gewaltige Machtbeweis könnte am Ende vergebens gewesen sein. Trotzdem tut er es. Weil er alles tun und nichts unversucht lassen will, um uns auch nur die Chance bieten zu können, seine Einladung anzunehmen. Auf dass wir ihn wahrhaftig kennenlernen können, uns seinem Herzen nähern können und vielleicht die Tiefe seines Charakters und seiner Liebe zu uns erfassen können. Auf dass wir ihn als den sehen können, der er wahrhaftig war, ist und sein wird.

Vielleicht ist es für dich an der Zeit, dich von ihm befreien zu lassen. Vielleicht ist es an der Zeit, anzuerkennen, dass du einen Retter brauchst. Vielleicht ist es an der Zeit, dich von deinen falschen Sicherheiten und deinen falschen Quellen für Versorgung und Erfüllung abzuwenden, und stattdessen Gott zu vertrauen, dich zu schützen, zu versorgen und zu erfüllen. Vielleicht ist es an der Zeit, zum ersten oder wiederholten Male, sein Angebot, dich vom Tod zu befreien, anzunehmen. Vielleicht ist es an der Zeit, ihm deine Vergangenheit anzuvertrauen und ihn deine Unterdrückung in Sieg verwandeln zu lassen. Wo auch immer du gerade stehst, der nächste Schritt wird dich freier machen und dich tiefer in die Beziehung führen, für die du geschaffen bist.

Für uns, die wir auf dem Weg zu Gottes Herzen sind, ist dieser Prozess keine einmalige Sache. Manchmal erleben wir seine vollkommene Freiheit in einem Teil unseres Lebens, während wir Gott aus anderen Bereichen völlig raushalten. Er wird immer dahin mit uns gehen, wohin wir bereit sind, ihm zu folgen, und immer unser „nein" oder „noch nicht" respektieren. Wenn du merkst, dass du Gott noch nicht genug vertrauen kannst, um ihm zu folgen, ist er geduldig und sanft. Er wird dich niemals unterdrücken oder zwingen. Es ist okay, ihn zu bitten, nochmal von vorne anzufangen und sich dir erst nochmal zu zeigen. Wo immer du gerade stehst: Ich wünsche dir das kleine bisschen Glauben, das es braucht, um zum nächsten Schritt in Gottes Rettungsplan Ja zu sagen. Sei es der erste oder der zwanzigste. Es wird der bis jetzt beste sein.

Versorgung Genug

Die fünf Verse der Wunder

Ich habe schon etliche Prediger und Sonntagsschullehrer vorwurfsvoll über die Israeliten und ihr beständiges Gejammer und anhaltendes Misstrauen in Gott reden hören. Sie haben Gott gerade erstaunliche Dinge tun sehen und trotzdem wünschten sie, sie wären in Ägypten geblieben und sagen das bei jedem noch so kleinen Stolperstein auf dem Weg. Was um alles in der Welt ist bitte ihr Problem? Wenn ich solche Zeichen und Wunder gesehen hätte, würde ich zu Gott *rennen*! Oder etwa nicht? Je mehr ich seit der Dajenu-Offenbarung darüber nachgedacht und mir vorgestellt habe, wie sich die ganze Situation wohl für sie angefühlt hat, desto mehr kann ich ihren Standpunkt verstehen.

Stell dir mal vor, du lebst als Sklave im alten Ägypten. Stell dir vor, die einzigen Götter, die um dich her verehrt wurden, sind von der schweigsamen Sorte. Von der Art, der man nur für seine gute Ernte dankt und der man Opfer bringt, damit sie alles schön weiterwachsen lassen mögen. Du hast vielleicht schon Geschichten über einen Mann namens Abraham gehört, von dem es heißt, er sei Gott begegnet, und dessen Enkelsohn seine Familie während einer Hungersnot in Ägypten ansiedelte und somit dein gesamtes Volk diesem Leben in Unterdrückung ausgeliefert hat. Das ist alles. Genau so weit gehen deine Erfahrungen mit höheren Mächten. Und dann kommt plötzlich dieser Mose vorbei und sagt, der Gott Abrahams will kommen und alle retten. Er tut ein paar Wunder und du staunst. Du hast noch nie einen Gott tatsächlich etwas tun sehen. Dieser hier tut das aber. Großartig. Alle sind echt aufgeregt. Die Hoffnungen, endlich aus der Sklaverei wegzukommen, steigen immens. Bis dieser Gott anfängt, Ägypten komplett zu zerstören. Alles, was zum Leben wichtig ist, wird vernichtet und erschüttert. Ja, Goschen bleibt von dem Ganzen verschont, also scheint dieser Gott auf eurer Seite zu sein. Aber wie lange wird das anhalten? Wie anstrengend wird es werden, ihn davon abzuhalten, sich gegen euch zu wenden, sollte ihm eines Tages danach sein? Ist das echt der Gott, dem wir in die Wüste folgen sollen? Der Typ, der gerade ein Kind in jeder ägyptischen Familie getötet hat? Dem Typen sollen wir vertrauen, dass er uns nicht in der Wüste verenden lässt, wenn wir ihn nicht so anbeten, wie er es gerne hätte? Schön, wenn ihr da entspannt mit klarkommt. Ich werde weiter beunruhigt sein, besten Dank.

Beunruhigt oder vielleicht sogar leicht panisch zu sein, wäre doch verständlich, oder? Ich schätze, wenigstens ein paar Israeliten machten sich eher deshalb auf den Weg, weil sie vor Schreck gehorchten, nicht, weil sie wirklich gehen wollten. Kein Wunder, dass sie sich noch nicht dazu überwinden können, Gott zu vertrauen. Also muss er sich noch etwas mehr mit ihnen bekannt machen. Sie haben seine Allmacht gesehen. Haben gesehen, dass er alles tut, um sie aus den Fängen falscher Götter zu reißen. Haben erlebt, wie er sie in siegreiche Freiheit führt. Aber sie kennen ihn immer noch nicht wirklich. Sie haben noch nicht seine sanfte Liebe und sein fürsorgliches Herz gesehen. Bis jetzt haben sie nur gesehen, wie er zerstört und gnädigerweise aufhört, zu zerstören. Jetzt, in der Wüste, erleben sie endlich, was er zu tun bereit ist, um sie am Leben zu erhalten und sicher und glücklich sein zu lassen.

Wieder arbeitet er in fünf Schritten, mit fünf verschiedenen Offenbarungen seiner Güte und Liebe. Jeder Schritt, jedes Wunder, zeigt Gott als den Versorger. Der mit Hilfe, Trost, Sicherheit und Nahrung versorgt. So sehr, dass er sogar Versorgung aus dem Nichts erschafft. Genau wie Israel brauchen auch wir es, diese Seite von Gott in unserem Leben zu sehen. Um seine Liebe und die neue Dimension zu begreifen, in die er uns führen will, brauchen wir diese Darstellung seiner Güte. Wenn wir nur sehen, wie Gott Verwüstung anrichtet, um uns zu befreien, hätten wir völlig zurecht Angst, ihm zu folgen.

Diese fünf Verse zeigen, dass er nicht nur kommt, um uns freizusetzen. Er möchte die Quelle all unser Versorgung sein. Er möchte dieses gott-förmige Loch in unserer Seele füllen. Möchte sich um uns kümmern, indem er uns hilft, tröstet, beschützt und ernährt. Auf ganzer Strecke. Hindurch durch das Meer, durch die Wüste und bis ins verheißene Land.

Wenn er das Meer für uns geteilt hätte

Nach Jahrhunderten der Sklaverei und einer Rettungsgeschichte, die eine ganze Nation erschüttert hat, ist Israel endlich frei. Ihnen ist es endlich erlaubt zu gehen. Sie verlassen Ägypten und ziehen in die Wüste auf Kanaan, das verheißene Land, zu. Aber da Gott weiß, dass ihm die Kinder Israels noch nicht vollständig vertrauen, führt er sie nicht den direkten Weg.

„Als der Pharao das Volk ziehen ließ, führte sie Gott nicht den Weg ins Philisterland, obwohl er der kürzere war. Denn Gott sagte: Die Leute könnten es sonst, wenn sie Krieg erleben, bereuen und nach Ägypten zurückkehren wollen. So ließ sie Gott einen Umweg machen, der durch die Wüste des Roten Meeres führte. Geordnet zogen die Israeliten aus dem Land Ägypten hinauf." (2. Mose 13, 17+18)

Stell dir den Jubel, die Freude und die Begeisterung vor: Sie ließen tatsächlich die Sklaverei hinter sich! Wie wundervoll! Gott selbst geht ihnen am Tage als Wolkensäule und des Nachts als Feuersäule voraus und leitet sein Volk aus der Unterdrückung. Aber wohin führt er sie? Diese Straße scheint zum Meer zu führen, warum gehen wir bitte dahin? Stell dir die Verwirrung und den Frust unter den Israeliten vor, als sie feststellen: Diese Wolkensäule leitet sie in eine Sackgasse. Und dann die wachsende Panik als plötzlich die mysteriöse Wolkensäule vor ihnen nicht mehr die einzige Wolke ist, weil hinter ihnen die ägyptischen Streitwagen den Wüstensand aufwirbeln, ihnen dicht auf den Fersen. Ihre Unterdrücker scheinen es sich mit dem Ziehenlassen offensichtlich anders überlegt zu haben und sind nun zu unerbittlichen Verfolgern geworden. Israel sitzt in der Falle. Vor ihnen das Meer, hinter ihnen die ägyptischen Heerscharen. Hat sich Gott das so vorgestellt, als er seine große Rettung inszeniert hat? Dass sie jetzt entweder ertrinken oder niedergemetzelt werden?

„Als der Pharao sich näherte, blickten die Israeliten auf und sahen plötzlich die Ägypter von hinten anrücken. Da erschraken die Israeliten sehr und schrien zum HERRN. Zu Mose sagten sie: Gab es denn keine Gräber in Ägypten, dass du uns zum Sterben in die Wüste holst? Was hast du uns da angetan, uns aus Ägypten herauszuführen? Haben wir dir in Ägypten nicht gleich gesagt: Lass uns in Ruhe! Wir wollen Sklaven der Ägypter bleiben; denn es ist für uns immer noch besser, Sklaven der Ägypter zu sein, als in der Wüste zu sterben." (2. Mose 14, 10-12)

Ich kann es ihnen nicht übelnehmen. Es ergibt keinen Sinn. Es scheint so willkürlich. Wie sind sie überhaupt in diese Lage geraten? Improvisiert Gott die ganze Zeit nur oder hat er sie absichtlich hierhergebracht? Hätte er sie nicht einen sichereren Weg führen können, vielleicht einen, der um das Meer herum und vorbei an den Philistern geht, fernab von den ägyptischen Heerscharen? Er ist doch schließlich Gott. Er sollte doch wissen, was er tut, oder? Das tut er. Auch dieses Mal hat er es Mose schon vorher gesagt.

„Der HERR sprach zu Mose: Sag den Israeliten, sie sollen umkehren und vor Pi-Hahirot zwischen Migdol und dem Meer ihr Lager aufschlagen! Gegenüber von Baal-Zefon sollt ihr am Meer

das Lager aufschlagen. Dann denkt der Pharao: Die Israeliten
haben sich im Land verlaufen, die Wüste hat sie eingeschlossen. Ich
will das Herz des Pharaos verhärten, sodass er ihnen nachjagt;
dann will ich am Pharao und an seiner ganzen Streitmacht meine
Herrlichkeit erweisen und die Ägypter sollen erkennen, dass ich der
HERR bin. Und so taten sie es." (2. Mose 14, 1-4)

Da haben wir es. Gott hat Israel tatsächlich mit Absicht
ans Meer geführt. Nicht nur, um die Philister zu umgehen,
sondern um sich ein weiteres Mal als der Gott zu beweisen,
der seinem Volk zu Hilfe kommt. Er möchte sie wissen
lassen, dass er ihnen den Weg bereiten wird. Selbst in den
schrecklichsten Umständen wird er Hilfe und Führung
geben. Sie müssen diese Seite an ihm kennenlernen. Sie
müssen dem Wegbereiter begegnen, dem Gott, der für sein
geliebtes Volk das Meer teilen wird. Der nicht von
Umständen überwältigt ist, sondern immer Durchbrüche
schenkt und Leben bringt, wo vorher nur Tod war. Um
sich aber als Wegbereiter zeigen zu können, muss er sein
Volk in eine ausweglose Situation bringen. Selbst wenn das
bedeutet, ihr Jammern und ihre Beschuldigungen ertragen
zu müssen.

Nur ein Israelit lässt sich von dem Dilemma, in dem sie
stecken, nicht beirren: Mose. Der eine Mann, der nicht in
der Unterdrückung der Sklaverei aufgewachsen ist. Der
nicht unter der Bedrohung aufgewachsen ist, den Launen
des Pharaos auf Gedeih und Verderb ausgeliefert zu sein.
Und vor allem der eine Mann, der Gott schon von
Angesicht zu Angesicht begegnet ist. Gott zu begegnen ist
eine tiefgreifende Erfahrung. Es neigt dazu, dich zu erden
und zu festigen, neigt dazu dich zu befähigen, ihm zu
vertrauen und zu folgen. Als also das Volk aufschreit,

zaudert und verzweifelt Mose nicht, sondern antwortet
ihnen:

„Fürchtet euch nicht! Bleibt stehen und schaut zu, wie der HERR
euch heute rettet!" (2. Mose 14, 13)

Und das tun sie dann auch. Sie sehen ihn sie sowas von
retten. Gott öffnet ihnen einen Weg. Einen einzigartigen,
erstaunlichen, leicht furchteinflößenden Weg. Er gebietet
Mose, seinen Stab zu heben und damit aufs Wasser zu
schlagen. Das Meer teilt sich, zwei Mauern von Wasser
ragen empor und öffnen einen wundervollen, aber etwas
gruseligen Durchgang zur anderen Seite. Gott zeigt sich als
der Wegbereiter und er selbst, die Wolke seiner Gegenwart,
hält die ägyptischen Heerscharen in Schach, während Israel
durch das Rote Meer geht.

Genau wie Israel führt Gott auch uns oft in Situationen
ohne Ausweg. Manchmal, indem er uns den Ernst unserer
Lage erkennen lässt. Manchmal, indem er unserem Leben
in einer gefallenen Welt seinen Lauf lässt. Manchmal,
indem er uns liebevoll in eine Sackgasse führt, wo die
Unterdrücker unserer Vergangenheit uns zu verfolgen
scheinen, während noch kein Weg in eine strahlende
Zukunft vor uns liegt. Er tut das, weil er sich uns als der,
der hilft und rettet, offenbaren will. Als der, der das Meer
trockenlegt, um sein Versprechen zu halten. Als der, der
uns niemals verlassen wird. Der immer kommen wird, uns
zu retten und immer einen Weg für uns bereiten wird. Der
für uns ist, egal was kommen mag. Und der uns die ganze
Zeit den Rücken freihält, während wir den Weg
beschreiten, den er uns bereitet hat.

Wie Israel neigen wir auch dazu, uns zu sorgen und uns in unser eigenes Ägypten zurückzusehnen, wo wir uns wenigstens auskannten. Wie Israel fühlen wir uns auch gefangen und verstehen nicht, wie und warum wir in einer ausweglosen Situation gelandet sind. Manchmal klagen wir Gott ebenso an, wie Israel es getan hat. Doch genau wie Israel haben wir auch die Chance zu hören: „Fürchte dich nicht. Bleib stehen und schau zu, wie der Herr dich heute rettet!" Und genau wie Israel werden wir Gott als dem begegnen, der das Meer trockenlegt, um zu kommen, uns zu retten und einen Ausweg zu bereiten.

Mein Bruder Tobias hatte bereits ein sehr erschöpfendes, stressreiches Jahr, als ihn die Nachricht des bevorstehenden Todes unseres Vaters erreichte. Nur zwei Monate vorher hatte er seine Dissertation eingereicht und bereitete sich gerade darauf vor, am kommenden Freitag seine Doktorarbeit zu verteidigen. Während wir anderen Geschwister am Mittwoch Reisepläne machten, um hoffentlich unseren Vater noch ein letztes Mal lebend zu sehen, konnte Tobias sich nicht mal erlauben, auch nur daran zu denken, damit er nicht seinen Fokus verlor. Papa starb in den frühen Stunden des Donnerstags, mein Bruder bekam am Freitag seinen Doktortitel zugesprochen und kam gegen Mitternacht im Haus unserer Eltern an. Am Sonntag fuhren meine Geschwister wegen beruflicher und familiärer Verpflichtungen wieder nach Hause, nur mein Schwager und ich konnten noch bleiben und unserer Mutter helfen.

Natürlich war unser Familien-Gruppenchat in den nächsten Tagen sehr belebt mit all den Absprachen und Informationen, die es braucht, um eine Beerdigung zu organisieren. Aber am Montag, zwischen all den Sargstilen, und Blumenkränzen, schrieb mein Bruder einfach: „Nur, damit ihr mal hört, dass es auch noch wilder kommen kann: Ich bin gerade (aus betrieblichen Gründen) gekündigt worden. Gebet willkommen." Zu seiner Frau sagte er an dem Abend: „Das war jetzt ein Ding zu viel." Beide waren emotional gelähmt, konnten nicht mal Worte finden, um Gott zu sagen, wie sie sich fühlten. Alles, was sie zuwege brachten, war ein verzweifeltes: „Du musst jetzt was machen, wir haben keine Kraft und keinen Glauben mehr übrig."

Eher aus Verzweiflung als aus Glauben standen sie still und warteten auf die Rettung, die der Herr bringen würde. Und er tat genau das. Am Mittwoch, nur zwei Tage nach der Botschaft seiner Kündigung, bot ein Freund Tobias eine Anstellung an, weil Gott ihm das zu tun auf Herz gelegt hatte. Gleiches Gehalt, weniger Stunden, bessere Arbeitsbedingungen. Gott kam ihnen zu Hilfe und bereitete einen Weg, wo vorher keine Aussichten gewesen waren. Tobias und seine Familie erlebten Gott an jenem Tag als ihren Retter, Wegbereiter und Versorger. Dieses Erlebnis stärkte ihren Glauben. Als ein paar Monate später ihr Auto kaputt ging und sie nicht genug Geld für ein neues hatten, blieben sie deshalb nicht verzweifelt stehen, sondern erwarteten voller Hoffnung die Rettung des Herrn. Und wieder erlebten sie, wie er ihnen zu Hilfe kam.

Laureen hatte hart gearbeitet, um ein hochwirksames Programm zu entwickeln, das Menschen im Burnout helfen sollte, als sie und ihr Team einen Punkt erreichten, wo der Fortschritt zu stagnieren und die Entwicklung festzustecken schien. Sie hatten schon viel erreicht, die Bausteine des Programms waren fertig und bereit, getestet zu werden. Aber es schien kein Interesse an dem Produkt zu geben. Niemand kam, um die Hilfe und Unterstützung, die das Programm geben konnte, zu empfangen. Frustriert mit der Stagnation beteten Laureen und ich. Um einen Durchbruch, um ein Wort von Gott, um irgendetwas, das das Programm voranbringen könnte. Der Heilige Geist antwortete mit einem Bild. Ich sah, dass Laureens Wellnesshotel von der Außenwelt wie abgeschottet war, am Ende einer wegen Bauarbeiten gesperrten Straße. Also beteten wir, dass Gott diese Straße fertigbauen, sie wiedereröffnen und einen Weg bereiten möge, dass das Produkt seine Kunden sowie Gäste das Hotel erreichen könnten. Er antwortete, indem er sich als der Retter, der Wegbereiter und der Versorger offenbarte. Nicht nur sandte er Laureen Menschen, die mit dem Marketing halfen, es kamen auch interessierte Gäste. So konnte die Weiterentwicklung und das Schleifen des Programms weitergehen. Obendrein öffnete Gott buchstäblich die Straße zum Hotel. Eine Zufahrtsstraße, die die Bundestraße zum Hotel mit der nächsten Autobahn verbinden sollte, wurde endlich fertiggestellt. Dabei war irgendwer im Baubüro bewegt, den Namen unserer Stadt auf das Autobahnausfahrtsschild zu setzen, was den Ort bekannter machte.

Hilda lernte gerade für ihre Zwischenprüfung, um Sonderschullehrerin zu werden, als der Prüfungsdruck sie zu überwältigen drohte. Nicht nur der bevorstehende Test stresste sie, sondern auch all die Hoffnungen und Träume, die ihre Mutter für sie hatte. Um die Wahrheit zu sagen, hatte Hilda ihre Berufswahl nicht selbst getroffen. Nein. Es war der unerfüllte Traum ihrer Mutter gewesen, Sonderschulkinder zu unterrichten, weshalb sie alles darangesetzt hatte, ihre Tochter erreichen zu sehen, was sie selbst nicht geschafft hatte. Hilda war schon einmal durch die Zwischenprüfung gefallen und hatte jetzt die letzte Chance, sie zu bestehen. Wenn sie diesmal wieder durchfiel, würde es ihrer Mutter das Herz brechen und sie selbst würde nie Sonderschüler unterrichten dürfen. Der Druck stieg je näher die Prüfung rückte und am Vorabend betete Hilda verzweifelt zu Gott. Sie bat ihn, ihr einen Weg zu bereiten, ihr durch all das durchzuhelfen. Das tat er. Sofort kam ein ruhiger Friede über Hilda, der die ganze Lernzeit über und durch die Prüfung hindurch anhielt. Sie war innerlich ruhig und fühlte sich getragen und beschützt von Gott. Und sie fiel mit Pauken und Trompeten durch. Tolle Rettung, könnte man sagen. Aber das war es. Gott rettete Hilda an jenem Tag. Er rettete sie von einem Beruf, den sie nie gewollt hatte und der sie kaputt gemacht hätte. Er rettete sie davor, ein Leben lang unerbittlich von ihrer Mutter kontrolliert zu werden. Und er rettete ihre Mutter davor, vor ihren Freunden ihr Gesicht zu verlieren. Denn sie konnte jetzt einfach alle Schuld für das Durchfallen ihrer Tochter und deren darauffolgenden Berufswechsel auf das Prüfungskomitee schieben. Sie konnte Hilda als eine tapfere junge Frau darstellen, die jetzt, da ihr ihr Herzenswunsch genommen worden war, einen neuen Weg im Leben gefunden hatte. Indem er sie in Frieden durchfallen ließ, bereitete Gott Hilda einen Weg, tatsächlich das zu studieren, was sie wirklich wollte. So konnte sie ein Leben nach ihrem eigenen Herzen haben, während sie dem, der sie liebte und gerettet hatte, näher und näher kam.

Ich bin mir sicher, dass du in deinem Leben auch schon Sackgassen erlebt hast. Dabei hast du dich vielleicht gefragt, wie du in eine so ausweglose Situation geraten bist. Vielleicht steckst du jetzt gerade in der Klemme. Vielleicht fragst du dich, ob du eine Abzweigung verpasst oder die Wegweiser falsch gelesen hast, weil du anscheinend so weit von Gottes Weg abgekommen bist. Vielleicht bist du schon verzweifelt, hast Gott angeklagt und dir gewünscht, du wärst wieder in deinem Ägypten, weil es da gemütlich und altbekannt war. Oder vielleicht hast du schon angefangen, gegen die Attacke zu beten, unter der du dich fühlst. Das sind alles berechtigte Reaktionen auf ein Dilemma. Aber ich möchte dir Mut machen, mal nach Gottes Absicht hinter diesen Situationen zu schauen und vielleicht eine neue Frage zu stellen: „Gott, was möchtest du, dass ich über dich lerne? Wie wirst du dich mir dieses Mal zeigen?"

Denn selbst wenn nicht er alle deine Umstände zu deinem Unheil gewendet hat, liebt er es, sich dir so zu offenbaren, wie du ihn noch nie gesehen hast. Er wird dazu jede Chance nutzen, die er kriegen kann. Und seine Offenbarung wird dich immer auf eine neue Ebene führen, ihn zu kennen, eine neue Ebene der Freiheit und eine neue Ebene der Erfüllung.

Ich habe Gott wieder und wieder als meinen Wegbereiter erlebt und kann dir das Gleiche sagen, was Mose gesagt hat: „Fürchte dich nicht. Bleib stehen und schau zu, wie der Herr dich heute rettet." Er WIRD kommen, er WIRD einen Weg bereiten, selbst wenn das bedeutet, das Meer trocken zu legen, und er WIRD dir auf dem Weg hindurch den Rücken freihalten. Also steh still und bitte ihn einfach: „Gott, ich sehe keinen Ausweg. Ich brauche es, dass du mir einen bereitest. Ich sehne mich danach, dich als meinen Retter zu erleben, als Wegbereiter und als Versorger. Bitte offenbare dich mir einmal mehr als mein Retter. Bitte bereite mir ein Weg durch diese Situation und halte mir den Rücken frei, während ich deinem Weg folge. Danke, dass du mich nie verlässt und immer für mich bist. Den ganzen

Weg aus der Sklaverei, durch das Meer und ins verheißene Land."

Ich wünsche dir den Mut und das Vertrauen in Gott, von nun an jede Notlage, in die du gerätst, als eine großartige Chance zu sehen, Gott kennenzulernen wie du ihn bis jetzt noch nicht kanntest. Ich weiß, es wird deinen Glauben stärken und mit jedem Mal leichter werden. Jedes Mal, wenn du Gott dir zu Hilfe kommen und wundersam einen Weg für dich bereiten siehst, wird dein Vertrauen in ihn mehr und mehr stärken. Stück für Stück wird er sich selbst in deinem Herzen als dein Retter, dein Wegbereiter und dein Versorger etablieren. Als der, der deines ganzen Vertrauens, deines ganzen Herzens und deines ganzen Lebens würdig ist.

Wenn er uns trockenen Fußes hindurchgeführt hätte

Nachdem er sich verzweifelt an ihn gewandt hatte, gebietet Gott Mose:

> *„Heb deinen Stab hoch, streck deine Hand über das Meer und spalte es, damit die Israeliten auf trockenem Boden in das Meer hineinziehen können!"* (2. Mose 14,16)

Mose tut es und sofort kommt ein starker Ostwind auf und bläst die Wasser entzwei. Was für ein Anblick das gewesen sein muss! Wie das Meer sich vor ihren Augen teilt, sich in zwei gigantischen Wänden aus Wasser erhebt, den Gesetzen der Physik auf ganzer Linie trotzend, und dazwischen ein Weg zur anderen Seite. Es ist genau das, was sie brauchen, aber es ist auch unlogisch, ehrfurchtgebietend, übernatürlich und beängstigend. Wer würde da durchgehen wollen? Die Hebräer schonmal nicht. Ihnen müssen die Knie geschlottert haben. Aber hinter ihnen werden die ägyptischen Heerscharen von der Wolkensäule in Schach gehalten und es ist offensichtlich, dass sie noch nicht aufgegeben haben und immer noch versuchen, das Volk Israel einzuholen. Also hilft die Bedrohung der Streitwagen vielleicht, die Leute ein bisschen voranzutreiben. Sie beginnen tatsächlich, auf diese wundersame Straße zuzugehen und dort angekommen, entdecken sie noch etwas erstaunliches. Der Pfad ist trocken und überraschend leicht zu beschreiten. Eigentlich würde man eine ziemlich glitschige Angelegenheit erwarten. Große Steine, über die man klettern muss. Tiefen Matsch, durch den man waten muss. Den einen oder anderen pechbehafteten Fisch, der auf dem Boden zappelt. Sowas in der Art. Aber nein. Zum Erstaunen aller ist der Weg komplett trocken und für Jung und Alt leicht zu meistern. Das ist ein Wunder an sich. Ein Wunder der Gnade anstatt des Erbarmens. Gott erweist sich in seinem Erbarmen als der Retter und Wegbereiter und dann sorgt er in seiner Gnade dafür, dass der Weg, den er bereitet, wundersam leicht zu beschreiten ist.

Wir können dieses Prinzip auch in anderen Bibelgeschichten sehen. Die Durchbrüche, die Gott schenkt, öffnen immer Wege, die recht leicht zu beschreiten sind. Als Gott Goliath in Davids Hand gab, öffnete er Israel auch den Weg, die Philisterarmee zu schlagen (1.Samuel 17). Sie mussten ihnen nur nachjagen, während die Philister flohen. Obwohl diese Armee viel größer und besser ausgestattet war und die Chancen, Israel selbst ohne Goliath zu besiegen, für die Philister sehr gut standen. Als Gideon, der unter der Unterdrückung Midians lebte, vom Engel des Herrn besucht wurde und Gunst bekam, die Midianiter und Amalekiter zu schlagen, mussten seine Soldaten nicht einmal kämpfen (Richter 6 bis 8). Stattdessen konnten sie sehen, wie ihre Feinde sich in ihrer Panik gegenseitig niederschlachteten.

Auf genau das können wir uns auch freuen: Dass der Weg, der uns bereitet wurde, leicht zu beschreiten ist. Wann immer wir uns in einer Sackgasse befinden, wo wir ein Wunder brauchen, wird Gott sich nicht nur erbarmen, wenn wir uns verzweifelt an ihn wenden, sondern sich auch gnädig erweisen, indem er uns einen ebenen Weg bereitet. Die Anstellung, die mein Bruder bekam, war nicht nur wundersam rechtzeitig, sie war besser als die, die er verloren hatte. Für das gleiche Gehalt plus Weihnachtsgeld ermöglichte sie ihm mehr Zeit mit der Familie, gerade als er diese am meisten brauchte. In seinem alten Job war er immer wieder genötigt gewesen, zwischen seinem Chef und seinem Kollegen zu vermitteln, und arbeitete ständig unter einer Menge Druck wegen zwischenmenschlicher Spannungen in der Firma. Seine neue Anstellung war hingegen in einem wohletablierten Team in einer wertschätzenden Arbeitsatmosphäre. Aus Erbarmen bereitete Gott einen Weg, wo keiner gewesen war, und in seiner Gnade war dieser leicht zu beschreiten.

Laureen und ich hatten um einen Durchbruch im Entwicklungsprozess gebetet. Gott antwortete aus Erbarmen nicht nur mit neuen Geschäftskontakten und neuen Gästen, sondern aus Gnade buchstäblich mit einer leicht befahrbaren Straße.

Hilda erlebte Gottes Erbarmen und seinen Frieden als Antwort auf ihre Gebete. Dann ließ er sie aus Gnade ihre Prüfung nicht bestehen und brachte ihr damit eine Freiheit und ein neues Leben wie sie es sich nie zu erbitten gewagt hätte. Es veränderte ihr Berufsleben, ihre Beziehung zu ihrer Mutter, ihre Beziehung zu Gott, quasi ihr ganzes Leben. Sie hatte nicht nur Frieden, sondern konnte auch wieder atmen und zu der Frau heranwachsen, als die Gott sie gemacht hatte.

Wenn du also merkst, du brauchst Gottes Erbarmen und einen Weg, wo vorher keiner war, aber vielleicht auch befürchtest, der Weg könnte vielleicht zu herausfordernd sein, sei getrost. Der Weg, den Gott dir bereiten wird, wenn du seinen Durchbruch brauchst, wird ebenso trocken und gangbar sein, wie es das Rote Meer für Israel war. Vielleicht schlottern dir die Knie bei dem Gedanken, Gott einen Weg entlang zu folgen, den er gerade erst eröffnet hat. Vielleicht fühlt es sich so an, als würdest du eher von den Verfolgern auf deinen Fersen gezwungen, dem Weg zu folgen, anstatt von Gott angezogen zu werden. Vielleicht läuten in dir alle Alarmglocken, wachsam zu sein und dich nicht auf diesen Weg zu stürzen, der den Gesetzen der Physik trotzt. ES ist nur verständlich und überhaupt keine Schande, dass du vorsichtig bist. Aber wisse eines: Gottes Freiheit ist vollkommen. Aus Erbarmen wird er dir einen Weg bereiten und aus Gnade wird dieser für Alt und Jung leicht zu meistern sein. Weil er dich liebt. Und wenn er sich dir als Retter und Wegbereiter erweist, wirst du ihn auch als dein Versorger und deine Erfüllung kennenlernen.

Also wage ruhig den ersten Schritt. Der Weg wird überraschend gangbar sein. Sag einfach: „Vater, ich fürchte, dass ich dir vielleicht nicht genug vertraue. Aber ich staune über dein Erbarmen, aus dem heraus du mir einen Weg aus meiner Not bereitet hast. Ich will dem Versprechen deiner Gnade vertrauen, dass der Weg trocken und leicht zu beschreiten sein wird. Danke, dass du mich so sehr liebst. Danke, dass du mich einmal mehr auf eine neue Ebene in unserer Beziehung hebst."

Ich verspreche dir, diese neue Ebene wird gut für dich sein. Sie wird dich mit Leben füllen und dein Vertrauen in Gott stärken. Und es wird die bis jetzt beste sein.

Wenn er unsere Unterdrücker ertränkt hätte

Der Weg durch das Rote Meer muss ein fantastischer Anblick gewesen sein, nicht nur für Israel, sondern auch für die Ägypter. Sowas hatte noch nie zuvor jemand gesehen, also staunten der Pharao und seine Heerscharen bestimmt nicht schlecht. Aber nicht besonders lange, denn sobald die Wolkensäule sich von ihnen hinweghebt, jagen alle 600 ägyptischen Streitwagen donnernd hinter Israel her und bleiben ihnen dicht auf den Fersen. Das scheint mir übermäßig wahnwitzig. Warum um alles in der Welt trauen sie diesem unnatürlichen Durchgang genug, um zwischen zwei Wänden aus Wasser hindurchzufahren, die den Gesetzen der Physik trotzen? Während Israel durch ihre Verfolger gezwungen war hindurchzugehen, hätte Ägypten sich ganz einfach von dieser wässerigen Todesfalle abwenden und nach Hause gehen können. Aber nein, sie jagen weiter. Und sobald Pferd und Wagen den Pfad zwischen den Wassern erreichen, sehen sie wieder, wie der Gott Israels für sein Volk kämpft. Er blockiert ihre Räder und sie bleiben alle im Schlamm stecken. Schlamm der, wie wir uns erinnern, nicht da war, als die Kinder Israels kurz vorher trockenen Fußes hindurchgelaufen sind. Erst jetzt beginnen die Ägypter das zu fürchten, wogegen sie ankämpfen.

„Lasst uns fliehen vor Israel; denn der Herr kämpft auf ihrer Seite gegen Ägypten." (2. Mose 14, 25)

Also wenden sie und versuchen zu fliehen, aber es ist zu spät. Gott befiehlt Mose, die Hand über das Meer auszustrecken. Daraufhin strömen die Wassermassen zurück und brechen über dem Pharao und seinen

Heerscharen zusammen. 600 Streitwagen, ihre Pferde und Fahrer, allesamt ertränkt.

Wieder könnte man meinen, es hätte einen leichteren Weg gegeben. Warum hält die Wolkensäule die ägyptischen Armeen nicht einfach so lange in Schach, bis Israel das Meer sicher durchquert hat und die Wassermassen wieder zusammengebrochen sind? Gottes Volk wäre doch auch so vor den Heerscharen sicher gewesen, getrennt durch das Meer. Warum solche Zerstörung? Und warum jagte der Pharao Israel überhaupt nach? Waren die Ägypter nicht am Boden zerstört wegen des Todes ihrer Erstgeborenen und all des Chaos, was Gott in ihrem Land angerichtet hat? Hatten sie nicht längst genug? Warum jagten sie Israel nach, nachdem Gott mit solcher Macht gezeigt hatte, was er bereit zu tun ist, um sein Volk zu retten?

Gott hat sie dazu gebracht. Er verhärtete wieder das Herz des Pharaos und brachte die Ägypter dazu, Israel zu verfolgen. Er hielt sie lange genug in Schach, damit sein Volk das Meer durchqueren konnte, und dann ließ er die Ägypter ihnen blind nachjagen. Hinein in das geteilte Meer, geradewegs in ihren wässrigen Untergang. Er ließ ihre Räder feststecken und die Wasser über ihnen hereinbrechen. Und wieder hatte er Mose es schon vorher gesagt und auch seine Absicht dahinter erklärt.

„Dann denkt der Pharao: Die Israeliten haben sich im Land verlaufen, die Wüste hat sie eingeschlossen. Ich will das Herz des Pharaos verhärten, sodass er ihnen nachjagt; dann will ich am Pharao und an seiner ganzen Streitmacht meine Herrlichkeit erweisen und die Ägypter sollen erkennen, dass ich der HERR bin." (2. Mose 14, 3-4)

91

Die Ägypter zu ertränken ist ein Teil von Gottes Plan, sich seinem Volk als ihre Retter zu zeigen. Denn bei seiner Rettung geht es nicht nur darum, zu entkommen. Es geht um Erlösung. Nicht nur vor Unterdrückung zu fliehen, sondern zu sehen, wie sie zerstört wird. Zu sehen, wie jede Auswirkung, die die Unterdrückung auf sie hatte, ausgelöscht wird. Gott möchte, dass Israel und wir ihn als den kennen, der für uns kämpft. Wenn wir ihm folgen, müssen wir nicht auf der Flucht sein. Wir müssen uns keine Sorgen machen, dass unsere Vergangenheit uns einholen könnte. Er wird mich nicht nur räumlich von meinen Unterdrückern trennen, sondern sie komplett auslöschen, wenn ich ihn darum bitte. Sodass sie mir nie wieder nachjagen können. Er wird mich mich nicht für immer abmühen lassen, seine Freiheit ist vollkommen. Und ER ist der, der kämpft. Während ich nur dem Weg folge, den er für mich geöffnet hat, räumt er hinter mir mit meinen Unterdrückern auf.

Susanne arbeitete als Krankenschwester in der Notaufnahme und sah deshalb regelmäßig Dinge, die nicht leicht zu verdauen waren. Also rauchte sie Zigaretten, um ihre Nerven zu beruhigen, wie die meisten ihrer Kollegen auch. Jede Menge Zigaretten. In jeder Pause. Als sie ihr Leben Jesus gab, war sie also leidenschaftliche Kettenraucherin. Aber an diesem Tag erlebte sie Gottes vollkommene Befreiung. Er nahm nicht nur ihr Leben in seine liebevollen Hände, er nahm ihr auch ihr Verlangen nach Zigaretten ab. Sofort hatte sie keine Sehnsucht mehr zu rauchen und als sie sich eher aus Gewohnheit als aus Verlangen eine ansteckte, wurde ihr sofort übel. Vollkommene Freiheit. Während Susanne Gottes Weg folgte, zerstörte er hinter ihr ihre Unterdrücker und befreite sie somit komplett von ihren zerstörerischen Sehnsüchten.

Michael nahm so ziemlich jede Art Drogen in der Hoffnung, so besser mit den Erinnerungen seiner Kindheit in Heimen und auf der Straße klarzukommen. Was auch immer vielleicht vermochte, das Loch in seiner Seele zu füllen und die Gefühle der Unzulänglichkeit und Ablehnung zu übertünchen. Bis er Gott in einer lebensverändernden Begegnung kennenlernte. Von seinem Himmlischen Vater angenommen und getröstet zu werden und gleichzeitig Heilung und Liebe, Führung und Bestimmung zu empfangen, befreite Michael auf einen Schlag von seiner Abhängigkeit. Er beschritt den neu bereiteten Weg in Gottes Liebe und vollkommene Annahme hinein, während Gott hinter ihm mit seinen Unterdrückern aufräumte.

Ich habe Geschichten wie Susannes und Michaels von allen möglichen Menschen und alle möglichen Formen der Unterdrückung betreffend gehört. Alkohol, Drogen, esoterische Praktiken, Panikattacken, Depressionen und was nicht alles. Gott handelt nicht mit jedem und allem auf die gleiche Art, aber seine Freiheit ist immer vollkommen.

Auf meinem eigenen Weg mit Gott habe ich das gleiche Wunder auf etwas subtilere Art gesehen. Ich machte gerade eine Fortbildung, zum Burnout- und Trauerberater. Ich war Teil eines Teams, das ein Programm zum Bearbeiten und Überwinden von Burnout entwickelte. Dabei wurde es notwendig, dass einige von uns Berater in diesem Programm werden. Aber weil ich selbst keine Erfahrung mit Burnout hatte, war ich besorgt, dass ich meinen Klienten nicht sonderlich gut helfen könnte. Ich fühlte mich wie in einer Sackgasse. Also bat ich Gott, mir zu Hilfe zu kommen, und er kam. Schritt für Schritt, Beratungsgespräch für Beratungsgespräch, brachte er mir bei, in konstantem Kontakt mit dem Heiligen Geist zu bleiben, nur das zu sagen und zu tun, was er mir zu sagen und zu tun eingab. Also wirkte ER im Leben der Klienten, brachte ihnen Freiheit, Versorgung und Erfüllung. Ich durfte einfach zuschauen. Es war Beratung, die ganz und gar Gott ausgeliefert war. Und dadurch ganz und gar frei von Manipulation.

Nach eigenen Erfahrungen mit manipulativen Seelsorgern, die beste Absichten hatten und glaubten, das Beste für mich zu kennen, hatte ich insgeheim immer befürchtet, ich würde auch so ein Berater werden. Einfach, weil es die mir bekannte Arbeitsweise war. Generell fällt es mir leicht, Menschen ins Herz zu schauen, ihre Ängste und die Bedeutung hinter dem zu erkennen, was sie bereit sind zu erzählen. Also fällt es mir auch leicht, gutgemeinten, manchmal sogar brauchbaren Rat zu geben. Aber das ist nicht dasselbe, wie ihnen Gott zu geben, selbst wenn mein Rat manchmal weise und nützlich ist. Während ich also meine Weisheit und mich selbst Gott auslieferte, um meinen Burnout-Klienten Gott geben zu können, gewöhnte ich mir an, schlicht ein Gefäß für den Heiligen Geist zu sein. Jetzt arbeite ich immer so, egal für welche Prozesse meine Klienten Hilfe suchen. Denn ich habe gelernt: Selbst mein bester Rat und meine besten Ideen sind nichts im Vergleich zu dem, was Gott den Klienten geben möchte. Schließlich kann ich nur raten oder vermuten, was der Klient braucht, doch Gott weiß es. Während ich nur freundlich und hilfsbereit sein kann, möchte Gott befreien, beschützen und erfüllen mit Liebe und Kraft.

Jetzt kann ich Manipulation meilenweit gegen den Wind riechen. Ich habe mir angewöhnt, den Heiligen Geist immer wieder zu bitten, mein Herz zu läutern. Das brauche ich, damit jegliche Spur von Manipulation in mir wie die ägyptischen Heerscharen ausgerottet wird.

Was Gott tut, indem er unsere Unterdrücker hinter uns ertränkt, beschreibt Paulus folgendermaßen:

„Wenn also jemand in Christus ist, dann ist er eine neue Schöpfung: Das Alte ist vergangen, siehe, Neues ist geworden." (2. Korinther 5, 17)

Wenn wir uns selbst in Gottes Hand geben und seinem Weg folgen, werden wir eine neue Kreatur, befreit von unserer Vergangenheit. Wir entkommen nicht nur, wir werden unantastbar. Das ist sein Versprechen und unsere Hoffnung. Wann immer wir also damit kämpfen, dass unsere Vergangenheit uns einholen könnte, wann immer wir unsere Unterdrücker uns verfolgen sehen, möchte Gott uns nicht nur einen Ausweg schaffen. Er will unsere Verfolger vernichten und uns vollkommene Freiheit bringen, während wir schlicht seinem Weg folgen. Darauf können wir ihn festnageln.

Vielleicht fühlst du dich nicht wie eine neue Kreatur. Vielleicht weißt du tief im Herzen, dass du immer noch das gleiche arme Wesen bist, das Rettung von Gott braucht. Vielleicht denkst du, dass dein Sieg über deine Vergangenheit kaum der Rede wert ist. Vielleicht schämst du dich sogar dafür, dass du immer noch Rettung brauchst. Ich kenne all diese Gedanken nur zu gut. Sie kommen mir immer, wenn ich auf mich und meine Verlorenheit schaue, anstatt auf ihn und seine Rettung. Aber egal, was du und ich befürchten oder was uns unsere Umstände erzählen: Gottes wundersame Rettung und die Vernichtung unserer Unterdrücker ist nahe! Wir müssen ihn nur bitten.

„Vater, danke dass du mir diesen wundersamen Weg zu Füßen gelegt hast, über trockenen Boden und hinein in deine Freiheit. Danke, dass du mir hilfst, ihn zu beschreiten. Ich lege meine Vergangenheit und meine Unterdrücker in deine Hand. Bitte vernichte sie und mach mich unantastbar. Danke, dass du für mich kämpfst. Danke, dass du mich zu einer neuen Kreatur machst."

Genau wie bei meinem Kampf um Freiheit von Manipulation kann es auch bei dir wichtig sein, an Gott festzuhalten und deine Seele ab und zu daran zu erinnern, dass du tatsächlich eine neue Kreatur bist. Ich habe erlebt, dass Gott mich manchmal Situationen erleben lässt, die alten Kämpfen ähneln. Das scheint dann wie anschleichende alte Versuchung. Aber er tut das nicht, um mich auf die Probe zu stellen. Er tut es, um mir zu zeigen, wie weit ich es seit damals gebracht habe. Und glaube mir, diese Zusammenstöße mit Versuchung werden leichter zu überwinden sein, als du denkst. Mit jedem Mal wird es leichter werden. Bedenke: Gottes vollkommene Freiheit beinhaltet, dass er die Dinge in seine mächtigen Hände nimmt, deine Unterdrücker vernichtet und dich in seine Fülle bringt. Es ist sein Kampf, nicht deiner. Lass ihn kämpfen. Genieße einfach, der Begünstigte seines Sieges zu sein.

Wenn er 40 Jahre in der Wildnis für uns gesorgt hätte

Sie bekommen wirklich keine Zeit zu verschnaufen. Nachdem die ägyptische Gesellschaft um sie herum unter Gottes Gericht zusammengebrochen ist, sie von Pharaos Heerscharen gejagt wurden, das Meer sich vor ihnen teilte und Ihre Unterdrücker hinter ihnen ertränkt wurden, sitzt Gottes Volk nun in der Wüste fest. Kein Wunder, dass sie etwas aufgewühlt sind. Sie sind frei, aber keineswegs wohlhabend. Ja, sie haben die Schätze ihrer Unterdrücker erbeutet. Aber davon können sie sich mitten in der kargen Wüste auch nichts kaufen. Das Land, das sie hierfür verlassen haben, war fruchtbar und sie sind es nicht gewohnt, Hunger zu leiden. Bis jetzt. Jetzt haben sie alle Reichtümer Ägyptens hinter sich gelassen. Also suchen sie natürlich nach Wasser und Nahrung. Und wann immer sie nichts finden können, nutzen sie die gleiche Überlebensstrategie, die sie auch als Sklaven in Ägypten am Leben gehalten hat: Sie jammern und klagen über Misshandlung und Hungertod. Als Sklaven, deren Wert sinken würde, wenn sie misshandelt würden, ist das genau die Art, wie man Sklaventreiber dazu bringt, von Grausamkeit abzulassen. Also ist das auch die Art, in der Israel sich an Gott wendet. Sie bitten nicht um Hilfe, sie gehen nicht zu ihm als die Quelle aller guten Dinge. Nein, sie beschuldigen ihn, sie alle umbringen zu wollen. Bis Mose einschreitet und Gott bittet, einzugreifen. Allem Misstrauen zum Trotz, das sein Volk ihm um die Ohren haut, antwortet er mit einer Offenbarung seiner Liebe. Er weiß, woher ihr Misstrauen kommt. Er weiß: Es ist weniger eine Frage von Rebellion oder Unverständnis, sondern vielmehr eine Frage einer Sklaven-Mentalität. Denn sie sind noch immer Sklaven.

Geboren und aufgewachsen in Sklaverei bestimmt Gesundheit und Stärke ihren Wert. Somit war das schon immer ihr einziges Druckmittel. Über Hunger, Durst oder Tod zu schreien war der einzige Weg, das Fehlverhalten von grausamen Sklaventreibern aufzuzeigen. Schließlich bedeutete die Misshandlung und Vernachlässigung von Sklaven Wert- und somit Kapitalverlust. Die Israeliten kannten ihren Wert in Ägypten. Sie waren so viel wert wie die Arbeit, die sie taten, weshalb für ihr Leben und Wohlbefinden gut gesorgt wurde. Natürlich mussten sie schwer arbeiten, aber wenn sie das taten, hielten die Ägypter sie am Leben und bei Gesundheit. Da ist es verständlich, dass sie das Land ihrer Unterdrückung idealisieren. Natürlich denken sie gerne an die beständige, zuverlässige Versorgung und das bewährte wenngleich trostlose Leben in Ägypten zurück. Auch wenn sie dafür bequemerweise ihre damalige Verzweiflung vergessen. Natürlich misstrauen sie diesem Gott zutiefst, der daherkommt und sagt, dass er sie liebt und befreien möchte. Sie können nicht begreifen, was er von ihnen will. Also wissen sie auch nicht, woran sie bei ihm sind. Sie kennen den Wert nicht, den sie in seinen Augen haben. Sie wissen nicht wie unermesslich er im Vergleich zu dem ist, was sie in Ägypten wert sind. Sie können nicht glauben, dass er sie nur lieben und versorgen möchte, ohne irgendwelche Arbeit dafür zu verlangen. Sie können nicht glauben, dass er sie als Kinder und Freunde, nicht als Diener haben möchte. Obwohl Gott schon begonnen hat, ihnen zu zeigen, was es bedeutet in seiner Gnade und aus seiner Hand zu leben. Von ihm abhängig zu sein erinnert sie zu sehr an Sklaverei und seine vollkommene Freiheit fühl sich nicht danach an, als wären sie ihre eigenen Herren. Wieder verwechseln sie Freiheit mit

Selbstbestimmung und von Gott allein abhängig sein mit Unterdrückung, genau wie schon Adam und Eva zuvor.

Gott möchte, dass sein Volk wahrhaftig frei ist. Nicht nur frei von ihren Unterdrückern, sondern von der Sklaven-Mentalität. Frei in seiner Gnade zu leben; frei zu Glauben, welchen Wert er ihnen gegeben hat; frei seiner Güte zu vertrauen; frei zu wissen, dass sie bei ihm kein Druckmittel brauchen; frei zu erfassen, dass er sie liebt, weil er Liebe ist, nicht weil sie es sich erarbeitet haben. Also bringt er sie alle in eine Situation, wo er die einzige Quelle von Sicherheit, Versorgung und Erfüllung ist. Eine Situation, in der sie nicht anders können, als in seiner Gnade zu leben und sich von ihm lieben zu lasse.

Es ist ihm so wichtig, dass sein Volk ihn als den Gott, der sie liebt, kennt, dass er lieber 40 Jahre mit ihnen in der Wüste bleibt und sie von Tag zu Tag am Leben erhält, als sie ins gelobte Land ziehen zu lassen, ohne ihn wirklich zu kennen. Als sie ihm also nach zwei Jahren, in denen Gott sie versorgt, für sie kämpft und sie liebt, immer noch nicht vertrauen, dass er ihnen Kanaan als Zuhause oder Sieg über seine Einwohner geben kann, bleibt er genau dort mit ihnen: in der Wüste. Um ihnen sich selbst und seine Liebe zu zeigen. Um den Wert, den sie in seinen Augen haben, tief in ihren Herzen zu verankern. Weil er sieht, dass sie immer noch unter dem Fluch der Sklaven-Mentalität und der Angst, einem unbekannten Gott ausgeliefert zu sein, leiden, hält er sie dicht bei sich.

Die Wüste ist ein Ort des Todes für Israel. Es ist ein Ort, an dem ihnen alles genommen wird, auf das sie sich verlassen hatten. Es ist ein Ort, wo ihre Sklaven-Mentalität sterben muss. Aber es ist auch ein Ort der Auferstehung.

Ein Ort, an dem das Volk Israel endlich lernen wird, welchen Wert sie in Gottes Augen haben, wie er sie schützt und wie er sie liebt. Hier in der Wildnis erleben sie eine Zeit, in der sie buchstäblich von der Hand in den Mund leben. Mit einem Wunder nach dem anderen erweist sich Gott als liebevoller Versorger. Die erste Wasserquelle, die sie erreichen, ist bitter. Also gebietet Gott Mose, ein bestimmtes Stück Rinde hineinzuwerfen und das Wasser wird augenblicklich süß und trinkbar. Ein andermal lässt Gott Wasser aus einem Felsen sprudeln. Er lässt Brot und Wachteln vom Himmel regnen. Er schenkt ihnen Sieg über alle Feinde, die ihnen auf ihrer Reise begegnen. Und er erhält die ganze Zeit ihre Kraft und Gesundheit. 40 Jahre lang erlebt Israel Gott als den Versorger von Schutz und Leben. Sie lernen, dass Nahrung und Lebensunterhalt von ihm kommen. Er kümmert sich um sie, begegnet jeder erdenklichen Not. Er zeigt sich ihnen als der Geber aller guten Gaben, und er ist dabei nicht von besonderen Orten abhängig. Schließlich ist er die Quelle allen Lebens.

Das ist so eine kostbare, wichtige, lebensverändernde Offenbarung: Gott ist der liebevolle Versorger und die wahre Quelle aller guten Dinge. Der Moment, in dem sein Volk das begreift, der Moment in dem ich als sein Kind begreife, dass Gott gut ist und uns mit Liebe überhäufen und jeder nur erdenklichen Not begegnen will, dieser Moment verändert alles. Deshalb nimmt sich Gott 40 Jahre Zeit, um ganz sicher zu gehen, dass Israel diese Seite von ihm kennenlernt und ihnen diese Wahrheit tief bewusst wird. Es ist ihm sogar so wichtig, dass er seinem Volk gebietet, sich jedes Jahr nicht nur im Frühling beim Passahfest daran zu erinnern, sondern auch im Herbst zu Sukkot, dem Laubhüttenfest. Zu diesem Fest leben Juden auf der ganzen Welt in Hütten, um ihrer Zeit in der Wüste zu gedenken, als sie ganz und gar von Gott allein abhängig waren. Dabei zeigen sie, dass sie ihm allein vertrauen, auf ihn allein schauen und allein seine Hilfe, seine Liebe und seine Versorgung suchen. Weil sie wissen, glauben und darauf vertrauen, dass er die wahre Quelle aller guten Gaben ist. Der erste, an den man sich wendet, was immer man braucht.

Bis heute möchte Gott als der liebevolle Versorger gekannt werden. Er sehnt sich danach, dass wir ihn als die wahre Quelle aller guten Gaben kennen. Als die Antwort auf alle Nöte. Als den ersten Ort, an den wir uns wenden, wann auch immer es uns an irgendetwas mangelt. Und bis heute offenbart er sich mit einem Wunder nach dem anderen. Ich habe so viele Geschichten gehört und erlebt, in denen Gott Menschen mit seiner Liebe überhäuft und alle guten Gaben gibt.

An dem Abend vor meiner theoretischen Führerscheinprüfung, für die ich zugegebenermaßen nicht genug gelernt hatte, gab ich mich und den Test ganz in Gottes Hand. Ich sagte ihm, dass ich jetzt ins Bett müsste und dass ich ganz und gar von ihm abhängig war was diese Prüfung anging. Wenn er mich bestehen lassen wollte, wäre ich froh. Aber ich würde auch total verstehen, wenn er mir sagen wollte, dass ich mich besser vorbereiten soll, indem er mich durchfallen ließe. Am nächsten Morgen stand ich eine Stunde früher auf. Vor mir lag ein Stapel mit Übungsfragebögen. Der Heilige Geist gab mir die Zahlen von dreien davon und ich arbeitete sie durch. Ich fühlte mich schon sehr von Gott geführt, aber er überhäufte mich immer weiter mit Liebesbeweisen. Auf meinem Weg zur Fahrschule gab er mir einem wunderschönen Sonnenaufgang als Panorama. Dann wurde ich an der

Fahrschule mit meinem absoluten Lieblingsauto abgeholt und zur Prüfung gefahren: einem silbernen 1997er Mercedes ML. Und als ich meinen Prüfungsbogen ausgehändigt bekam, war die erste Frage darauf eine, die ich gerade zwei Stunden zuvor beim Üben noch falsch beantwortet hatte, sodass ich jetzt die richtige Antwort wusste. Gott ließ mich den Test bestehen und überhäufte mich auf dem Weg dahin wieder und wieder mit seiner Liebe.

Johannes beabsichtigte, sein Hotel energieeffizienter umzubauen. Er hatte aber Schwierigkeiten, einen guten Bauingenieur mit dem richtigen Konzept für die Anlage zu finden. Er traf sich mit mehreren Firmen, aber keines der Angebote passte so wie Johannes es gehofft hatte. Das Projekt zog sich bereits mehrere Wochen hin und nahm seine Gedanken stark ein, ließ ihn sich sorgen und beeinträchtigte sogar seinen Schlaf. Eines Tages hatte seine Frau genug. „Lass uns die Sache in Gottes Hand legen. Wir brauchen ein Wunder von ihm. Und wir wollen ja eh, dass das hier sein Hotel ist, also sollte er einen Bauingenieur nach seinem Herzen herbringen." Und das tat Gott dann auch. Nicht mal eine Woche später kam Karl, ein Stammgast, mit einem Vorschlag zu Johannes: „Ich habe gehört, dass ihr eine energieeffiziente Heizung braucht. Meine Firma ist auf dem Gebiet marktführend. Ich würde euch gerne helfen, die beste Lösung für euer Haus zu finden und einzubauen. Ich möchte für meine Arbeit nicht bezahlt werden und werde die besten Arbeiter und Materialien für euch finden. Dieses Hotel ist für mich und meine Frau schon jahrelang ein Zuhause, ich möchte gern etwas zurückgeben." Karl meinte das nicht nur erst, er hatte auch nicht übertrieben was seine und die Expertise seiner Firma anging. Sie installierten ein

Blockheizkraftwerk, das nicht nur den Energieverbrauch des Hotels drastisch senkte, sondern es ihnen auch ermöglichte, Energie ins lokale Stromnetzwerk zurückzuspeisen. Wenn Karl und seine Frau jetzt ins Hotel kommen, übernimmt er die Wartungsarbeiten, immer noch ohne Bezahlung anzunehmen. Was für einen Segen hat Gott da geschickt, um Johannes' Gebet zu beantworten!

2007 wurde in Monikas Hotel gebaut. Der neue Außenpool brauchte etwas länger als erwartet, weshalb die Gäste weg blieben. Die Zahlen fielen drastisch und das Geld wurde knapp. Also beteten Monika und ihr Mann um ein Wunder der Versorgung. Schon am nächsten Tag fingen die Telefone in der Reservierung wieder an zu klingeln. Es war, als hätte Gott schöne Erinnerungen an das Hotel in den Gästen geweckt, sodass sie ihre Urlaubspläne änderten und vorbeikamen. Zwei Tage später rief die Baugewerkschaft landesweit zum Streik auf und kamen sogar bei Monikas Pool vorbei, um die Bauarbeiter zu zwingen, die Arbeit niederzulegen. Eine weitere besorgniserregende Entwicklung, ein weiterer Grund, sich um Geldverlust zu sorgen. Also betete Monika wieder und Gott versorgte erneut. Es kostete nur ein Lächeln und ein Tablett mit Getränken, damit die Gewerkschafter wieder abzogen, weil Gott Monika Gunst bei ihnen gab. Gott sei Dank konnte der Bau weitergehen.

Monika zu kennen und mit ihr zu arbeiten hat auch mich und meinen Weg, Gott als meinen Versorger kennenzulernen, stark geprägt. Als ich sie kennenlernte, hatte ihr Leben mit Gott gerade erst begonnen. Weil sie eine sehr positive und sehr wortgetreue Person ist, hatte sie einen beneidenswerten kindlichen Glauben. Für sie ist es die natürlichste Sache der Welt, Gott beim Wort zu nehmen. „Wenn es doch da steht, dass wir größere Dinge tun werden als Jesu Jünger, dann müssen wir Gott doch nur darum bitten, oder?" sagte sie und zeigte auf die Bibel. Also machten wir das so. Egal, was aufkam, egal, welche Not wir hatten, Monika sagte immer: „Wir müssen wieder beten. Wir brauchen Gott." Und Gott antwortete immer wieder. Jedes Mal. Und sogar sehr schnell. Je mehr wir Gottes schnelle Versorgung erlebten, desto leichter wurde es, ihn zu bitten. Jetzt versteht es sich für Monika und mich von selbst, dass Gott alles geben wird, was wir brauchen.

Sandra und ihre Familie wollten gerade von Florida aus eine Kreuzfahrt im Golf von Mexiko antreten, als es plötzlich unerwartete Schwierigkeiten mit der Buchung gab. Es schien als würde es mit der Reise doch nichts werden. Erst eine Woche zuvor hatte Sandra Gott gebeten, ihr die Bedeutung des Verses

Was recht ist, gibt der Herr denen die er liebt, im Schlaf. (Psalm 127,2b)

Daran erinnerte sie Gott nun und bat ihn, ihnen mit der Reise zu helfen. Sie ging ins Bett und als sie am nächsten Morgen aufstand, war alles geregelt. Das deutsche Reisebüro hatte den ganzen Morgen daran gearbeitet, alles zu organisieren, während Sandra in Florida noch schlief. Gott hatte denen, die er liebt, das, was recht ist, buchstäblich im Schlaf gegeben.

Ebenso wie Gott sich immer noch als der liebevolle Versorger offenbart, genauso führt er uns manchmal immer noch in die Wüste, um uns von unserer Sklaven-Mentalität zu befreien. Dieser Prozess der

Mentalitätsveränderung kann sehr erschöpfend sein und geht oft sehr tief. Je nachdem wie tief die Wurzeln unserer Sklaverei und Unterdrückung gehen. Um zu erfassen, was Gott in der Wüste machen möchte, hilft mir das Bild von Bäumen. Lass mich das etwas ausführen. Ich habe mehr als zehn Jahre im Harz gelebt. Es ist eine sehr verregnete und daher sehr grüne Gegend, in der Mischwälder, schroffe Felswände und moosbedeckte Steinbrocken die Landschaft prägen. Eine faszinierende Auswirkung des häufigen Regens ist, dass einige Bäume, besonders Birken, es schaffen, mitten aus Felsspalten herauszuwachsen. Sie klammern sich mit ihren Wurzeln an den steilen Felsen fest und krümmen sich um 90 Grad nach oben, um der Sonne entgegenzuwachsen. Es sieht fast so aus, als wollten sie nach oben klettern, um höhere Ebenen zu erreichen. Es ist inspirierend zu sehen, wie wenig die Natur braucht, um zurechtzukommen. Aber im Vergleich zu den starken, alten Bäumen, die an den Bachläufen am Fuße dieser Felsklippen wachsen, sind diese Birken weitaus weniger darauf vorbereitet, ernste Stürme, Hitzewellen und Dürrezeiten zu überstehen. Diese zwei sehr unterschiedlich aussehenden Baumarten erinnern mich an den einen Vers in Jeremia:

Gesegnet der Mensch, der auf den Herrn vertraut und dessen Hoffnung der Herr ist. Er ist wie ein Baum, der am Wasser gepflanzt ist und zum Bach seine Wurzeln ausstreckt: Er hat nichts zu fürchten, wenn Hitze kommt; seine Blätter bleiben grün; auch in einem trockenen Jahr ist er ohne Sorge, er hört nicht auf, Frucht zu tragen." (Jeremia 17,7-8)

An diese Bäume muss ich denken, wann immer ich etwas in Gottes Hände lege. Denn wenn er dann unweigerlich kommt und mir alles zum Besten dienen lässt, fühlt es sich so an, als würde er mich von der Felswand abpflücken, an die ich mich geklammert hatte, und mich stattdessen fest am Wasser einpflanzen. Er tauscht das bisschen Regen, mit dem ich gerade so ausgekommen war, gegen einen konstanten Fluss der Versorgung. Er richtet mich gerade, lässt mich meine Wurzeln ausstrecken und stark aufwachsen.

In meinem Prozess, Gott mein Herz beschützen zu lassen, anstatt es in der Hoffnung, nicht verletzt zu werden, hart zu machen, führte mich Gott durch drei Wüstenzeiten hintereinander. Eine nach der anderen beendeten meine drei engsten Freundinnen unsere Freundschaft, anscheinend weil sie lieber ein Leben ohne Gott, besonders ohne seine Richtlinien für Keuschheit, leben und meiner Verurteilung entgehen wollten. Damals war ich überzeugt, dass sie einfach nur Jesus in mir ablehnten, weil er ihr schlechtes Gewissen so laut aufschreien ließ und ihr Leben in Sünde sich dadurch so schändlich anfühlte. Jetzt weiß ich, dass der Richter in mir viel unerträglicher war. Aber ich musste sie verurteilen, denn das schützte mein Herz vor dem Schmerz, den es mir bereitete, sie von Gott wegdriften zu sehen und mich als Freundin fallenzulassen. Ich brauchte drei Wüstenzeiten, um endlich von meiner Felswand loszulassen. Bei den beiden ersten Runden entschied ich mich irgendwann einfach, mit dem Weinen aufzuhören und eine Gleichgültigkeit zu entwickeln. Was nur funktioniert, indem ich — du ahnst es wahrscheinlich schon — mein Herz verhärtete. Beim dritten Mal ließ ich endlich zu, dass Gott mich von meiner Klippe pflückte und an fließendes Wasser pflanzte. Mir war das sich wiederholende Muster aufgefallen und die Vorstellung, ich müsste das Ganze noch ein viertes Mal durchleben, ließ mich so sehr verzweifeln, dass ich zu Gott sagte: „Papa, ich will alles lernen, was du mich jetzt gerade lehren willst! Ich will nicht noch eine Runde drehen. Ich ergebe mich! Ich werde weinen, bis du mich trösten kommst. Ich werde nicht meine alten Waffen ergreifen und mich verteidigen. Ich werde diese Wunde bluten lassen, bis du mich heilst. Ich möchte, dass du mich hier durchführst. Ich werde keine Abkürzung nehmen, ich werde nicht irgendwann beschließen: genug ist genug. Nur du bist genug." Endlich setzte ich mein Vertrauen auf Gott, meinen Versorger. Endlich ließ ich meine schroffe Felswand los und gab mein Herz, meinen Schmerz, meinen Gerechtigkeitssinn, mein Verlangen nach Vergeltung und meine Hoffnung auf Rechtfertigung in seine Hände.

Es war ein Durchbruch. Ich lernte nicht nur endlich, mich von Gott beschützen zu lassen, ich lernte den Unterschied zwischen wahrem Trost und einfach nur aufzuhören zu weinen. Ich lernte den Unterschied zwischen Urteilsvermögen und Verurteilung. Und ich lernte, Gott um Erbarmen und Gnade zu bitten, wann immer der Richter in mir mal wieder aufbegehrte. Ich will nie wieder in diese alten Gewohnheiten zurück. Ein Glück, dass ich die los bin. Von Gott getröstet, geheilt und beschützt zu werden ist so unermesslich viel besser, leichter und tiefer als jede Verteidigung, die ich zuwege bringen könnte.

Gott ist immer noch der Ich Bin, der Selbe gestern, heute, und morgen. Also können wir, genau wie Israel vor uns (und immer noch), um seine Versorgung in allen Umständen bitten. Er liebt uns so sehr, dass er Wasserquellen für uns aufbricht, uns Sieg in unseren Kämpfen gibt und Leben bringt, wo die Umstände nur Tod versprechen. Genau wie Kinder auf seine Güte vertrauend, können wir bitten und er wird versorgen. Wenn wir, die wir böse sind, unseren Kindern geben, was sie brauchen, wieviel mehr wird der Vater im Himmel, der vollkommen gut ist, uns versorgen (Matthäus 7,11)? Er möchte, dass wir ihn als die Quelle aller guten Gaben, allen Segens und allen Lebens auf Erden kennen. Er hat alles, was wir je brauchen könnten, griffbereit und im Überfluss. Er möchte uns mit seiner Liebe und seiner Gnade überhäufen. Damit wir ihn als unseren Versorger und uns als seine geliebten Kinder, nicht seine Diener erfassen können. Es ist nicht mehr notwendig, über Missbrauch und Hunger zu klagen, wie man es bei grausamen Sklaventreibern müsste. Es ist nicht notwendig, uns als eines kleinen bisschen Erbarmens würdig zu erweisen. Gott möchte uns seine GANZE Gnade zeigen. Wenn wir beginnen, ihn als die einzig wahre Quelle aller Versorgung und allen Lebens zu sehen, wird die Vorstellung, von ihm abhängig zu sein, immer reizvoller. Und dann können wir, genau wie Israel jedes Jahr, seine Gnade und Güte feiern. Auch wir können zeigen, dass wir ihm allein vertrauen, auf ihn allein schauen und allein seine Hilfe und seine Versorgung suchen. Und ihn den ersten sein lassen, an den wir uns wenden, was immer wir auch brauchen.

Vielleicht bist du noch nicht so weit. Vielleicht fühlt es sich für dich immer noch so an, als müsstest du darum kämpfen, seine Gnade zu verdienen, oder vielleicht sogar erst sein Erbarmen abarbeiten. Vielleicht hast du Gott noch nie Wunder in deinem Leben tun sehen. Vielleicht kannst du dir nicht vorstellen, einen liebenden Vater zu haben, der die Quelle aller guten Gaben sein möchte. Oder vielleicht hast du wie Israel Gott schon große Dinge für dich tun sehen, seine Versorgung erlebt, durch ihn Sieg errungen, und er ist trotzdem noch nicht der erste, an den du dich mit deinen Nöten wendest. Egal, wo du gerade stehst, wisse, dass Gott die Quelle aller guten Gaben und allen Lebens ist. Wisse, dass er nicht durch Raum und Zeit oder die Gesetze der Natur begrenzt ist, wenn er auf deine Nöte reagiert. Wisse, dass er dich liebt und mit überfließendem Segen überhäufen möchte. Lass den Heiligen Geist deine Zeit in der Wüste nutzen, um diese kostbare, lebensverändernde Erkenntnis in dein Herz zu pflanzen. Sie ist bahnbrechend. Wieder musst du nur darum bitten.

„Himmlischer Vater, ich möchte dich als meinen Versorger und mich selbst als dein geliebtes Kind kennenlernen. Bitte befreie mich von meiner Sklaven-Mentalität und lass mich wahrhaftig den Wert erkennen, den du mir gibst. Bitte vergib mir mein Misstrauen und verändere mein Herz. Ich will dir allein vertrauen, auf dich allein schauen, allein deine Hilfe, deine Liebe und deine Versorgung suchen. Ich möchte wissen, glauben und vertrauen, dass du die Quelle aller guten Gaben bist. Ich möchte diese schroffe Felswand loslassen und dich mich am fließenden Wasser einpflanzen lassen. Heiliger Geist, lehre mich, Gott den ersten sein zu lassen, an den ich mich mit allen Nöten wende."

Lass zu, dass Gott deine Mentalität verändert. Lass ihn deine Quelle aller Versorgung und allen Lebens sein. Lass ihn dich mit überfließender Gnade überhäufen. Schau in allem auf ihn. Wenn du alles in Gottes Hände legst, wirst du bald Gottes Hand in allem sehen. Es ist vielleicht ein Sprung ins Ungewisse. Es fühlt sich vielleicht herausfordernd oder sogar furchterregend an. Aber ich verspreche dir, nichts wird mehr sein, wie es vorher war.

Wenn er uns Manna zu essen gegeben hätte

Aus all dem Segen und der Versorgung, mit der Gott sein Volk überhäuft, sticht eines heraus. Er tut weit mehr, als nur hervorzubringen, was die Natur zu bieten hat. Er lässt buchstäblich Brot vom Himmel regnen. Als Israel nach Essen schreit, schickt er etwas Süßes und Nahrhaftes mit dem Morgentau. „Was ist das?", fragen sie. „Manna?" Was erschafft Gott hier aus dem Nichts? Was ist das, was morgens auftaucht und über Nacht verrottet, außer am Schabbat? Es ist konstant, unveränderlich und unendlich. Es erhält sie am Leben, satt, und gesund, bis sie das gelobte Land erreichen. Egal, wieviel oder wie wenig sie morgens sammeln, jeder hat stets genug. Es ist das perfekte Grundversorgungssystem. Ein bedingungsloses Grundeinkommen für alle. Und es versagt nicht, 40 Jahre lang. Weder Rebellion noch Meuterei, weder Goldene Kälber noch Aufstände gegen Mose ändern irgendetwas an dieser konstanten Versorgung.

Es ist genau das, was sie in der Wüste brauchen. Denn die Wüste in der Bibel ist eine Zeit der Läuterung. Ihr Zweck ist, Israel zu helfen, den Herrn kennenzulernen, wie er wirklich ist. Um zu begreifen, dass sie in Gott alles haben, was sie brauchen, muss Israel zuerst alles verlieren, was in ihnen und um sie überflüssig, falsch oder verdorben ist. Alle falschen Vorstellungen, Lügen und verdrehten Gedanken über Gott müssen ans Licht kommen und berichtigt werden. Also erlebt Israel in der Wildnis eine tiefe Zeit mit ihrem Herrn und jedes Mal, wenn er sie versorgt, ist das eine greifbare Offenbarung seiner Güte. Jedes Mal treibt er ihnen diese Wahrheit tiefer ins Herz: Er ist der Geber aller guten Gaben und von ihm abhängig zu sein ist ein Segen, keine Sklaverei, und führt in vollkommene Freiheit, nicht zu Unterwerfung.

Die Wüste ist auch ein Ort, an dem ich sehe, wo ich im Prozess der Freiheit stehe. Eine Chance zu reflektieren und Gottes viele Wunder und die Beziehung zu durchdenken, die er zu uns baut. In naher Abhängigkeit zu ihm, von allem befreit, was überflüssig, falsch und verdorben ist, wird offenbar, wie tief ich Gott kenne. Es wird sichtbar, wie viel von mir ich schon in seine Hand gegeben habe und welche Aspekte meines Lebens ich noch zurückhalte. Während er an meinem Herz arbeitet und mich näher an seines zieht, werden meine Bedürfnisse von Manna, Gottes beständiger Grundversorgung, erfüllt.

Die Wüste ist auch eine Zeit der Extreme. An einem Tag feiert Israel des Pharaos Niederlage, am nächsten Tag sind sie in der Wildnis am Verhungern. An einem Tag leben sie in einer Oase, am nächsten leiden sie Durst in dürrem Land. Man braucht eine konstante, unveränderliche und unendliche Grundversorgung, um solche Zeiten zu überstehen. Die Wüste ist keine Zeit um reich zu werden, Vorräte anzulegen oder sich zu rüsten. Manna soll nicht gelagert werden, um mich durch den Winter zu bringen, sondern es soll mir die täglichen Sorgen abnehmen, damit ich mich ganz auf den Prozess der Läuterung und Gott näherkommen konzentrieren kann. Selbst wenn die Zeit in der Wüste ein schwerer, erschöpfender Kampf wird, kann ich sicher sein, dass meine Grundbedürfnisse gedeckt sein werden. Ich kann mich ganz darauf konzentrieren, Gott näher zu kommen als je zuvor.

Die Wüste ist nicht das gelobte Land. Manna ist nicht das Leben in Fülle, das Gott uns geben will. Es ist gut, sich das vor Augen zu führen, besonders wenn die Zeit in der Wüste lang wird. Gott möchte nicht, dass wir uns an die Wildnis gewöhnen und uns mit seiner Grundversorgung zufriedengeben. Er möchte uns auf das Leben im gelobten Land vorbereiten, auf ein Leben in seiner Fülle. Manna in der Wüste ist ein Wunder, aber es begleitet nur den Läuterungsprozess, es lässt uns aushalten. Es ist Gottes konstante, unveränderliche Grundversorgung; sie begleitet den Prozess der Freisetzung von allem falschen und sich Gott nähern, damit wir ihn und uns selbst besser kennenlernen als je zuvor. Bis wir das gelobte Land erreichen, wo das Manna aufhören wird.

Ich bin in einer lebendigen Gemeinde aufgewachsen und war es gewöhnt, sonntags in den Gottesdienst zu gehen. Außerdem besuchte ich mindestens ein weiteres Gemeindetreffen pro Woche. Kindergottesdienst, Kinderchor, Jugendgottesdienst oder Bibelschule. Meine Beziehung zu Gott war mehr oder weniger ein Gemeinschaftserlebnis, etwas, das hauptsächlich in Gruppen und geplanten Veranstaltungen stattfand. Deshalb war es während meiner Wüstenzeit Teil meines Läuterungsprozesses, zu lernen, was es heißt, eine eigenständige Beziehung zu haben. Mit Gott zu gehen, ohne dass jemand mich in den Lobpreis führt, eine Predigt für mich vorbereitet oder eine Atmosphäre für mich schafft, in der sich der Heilige Geist frei bewegen kann. Es hatte mit einem Verlangen und einem Entschluss begonnen, Gott näher zu folgen, was mich in ein Leben in einer neuen Stadt, mit einem neuen Beruf und ohne Gemeinde brachte. In diesem neuen Leben diente ich der Vision eines anderen, während es mich auf meine Vision vorbereitete. Es verlangte mir alles ab, was ich hatte. Es schien sogar, als verlangte es mir sehr viel mehr ab, als ich zu geben hatte. Und meine zwei üblichen Quellen zum Auftanken waren jetzt unerreichbar: Meine Familie war drei Stunden entfernt und eine geistliche Familie hatte ich auch nicht mehr. Die wenigen Gelegenheiten, die ich hatte, zu Gottesdiensten zu gehen, waren für mich wie Inseln in unerforschten Wassern. Bis Gott auch dem ein Ende setzte.

Ich stellte plötzlich fest, dass ich nicht mehr am Gemeinschaftserlebnis teilhaben konnte, die Musik mich nicht mehr berührte, ich den Heiligen Geist nicht mehr spürte und Gott, anstatt zu mir durch Predigten zu sprechen, mit mir einfach währenddessen über andere Dinge redete. Nur vier Jahre zuvor hatte ich es so unerträglich gefunden, nur einen Abend zu erleben, in dem ich Gott während eines Jugendgottesdienstes nicht spüren konnte, dass ich die ganze Nacht weinte, um dieses Gefühl zurückzubekommen. Jetzt begannen zehn Jahre, in denen meine Beziehung zu Gott auf unsere Gespräche zu zweit und gelegentlich ein Gebet mit einer Freundin reduziert war. Früher hätte ich gedacht, dass es mich vom Glauben forttreiben und meine Beziehung mit dem Himmlischen Vater verschlechtern würde, wenn ich keinen Raum hätte, sie mit anderen teilen und feiern zu können. Stattdessen entfernte Gott alles unnötige und führte mich damit in eine viel tiefere Beziehung, eine viel vertrautere Abhängigkeit und einen viel stärkeren Glauben. Weil ich niemanden hatte, lernte ich, mit allem, was ich brauchte, immer zuerst zu ihm zu gehen. Weil die Menschen, mit denen ich sonst reden, reflektieren und meine Gedanken teilen würde, nicht täglich erreichbar waren, lernte ich, direkt mit Gott über alles zu reden und mit ihm ständig im Gespräch zu bleiben. Weil ich von so vielem in meinem Leben und meinem Beruf überwältigt war, lernte ich, ihn täglich um Kraft, Führung und Hilfe zu bitten, und erlebte, wie er jedes Gebet beantwortete.

Genau wie Israel in der Wüste fühlte ich mich manchmal leer und erschöpft und hatte Angst, ob ich es durch diese herausfordernde Zeit schaffen würde. Genau wie Israel war ich gezwungen, auf Gott allein zu vertrauen, weil alles andere weggenommen wurde. Genau wie Israel zog er mich näher zu sich. Genau wie Israel lernte ich ihn als meinen Versorger kennen. Genau wie Israel trug mich seine konstante, unveränderliche Grundversorgung durch diese Zeit der Läuterung und Vorbereitung. Und genau wie Israel führte er auch mich durch die Wüste ins gelobte Land, vorbereitet und gestärkt, um jetzt auf meine Vision hinzuarbeiten und sie zu leben.

Das ist der Zweck der Wüste und des Mannas: Uns näher zu Gott zu führen, zu sehen wo wir stehen, im Vertrauen und Glauben zu wachsen, geläutert und auf das gelobte Land vorbereitet zu werden. Alles, während wir von seiner konstanten, unveränderlichen Grundversorgung durch die Herausforderungen getragen werden. Vielleicht scheint es manchmal zu viel. Vielleicht fühlt es sich manchmal an, als würde dir alles weggenommen werden. Vielleicht wirkt es manchmal wie eine sehr lange Zeit der Läuterung und Grundversorgung. Vielleicht verlieren wir sogar zwischenzeitlich das gelobte Land aus den Augen. Aber Gott ist der Selbe, der er war und der er sein wird. Genau wie sein Volk können wir nicht tiefer fallen als in seine Hand. Und genau wie sein Volk will er uns zu sich ziehen und sich uns als liebevoller Geber aller guten Gaben offenbaren.

Wenn es sich also anfühlt, als wäre dein Leben dir gerade zu viel. Wenn es so scheint als würde dir gerade alles weggenommen werden. Wenn es sich so anfühlt, als würdest du nur gerade so mit minimaler Grundversorgung durchs Leben kommen. Wenn du befürchtest, dass du dein gelobtes Land aus den Augen verloren hast, verzweifle nicht. Schau auf Gott und öffne dein Herz für das, wofür er die Wüstenzeit gebrauchen möchte. Er möchte dich zu sich ziehen. Möchte dich von allen falschen Vorstellungen, Lügen und verdrehten Gedanken, die du über ihn hast, befreien. Möchte dich in eine tiefere Abhängigkeit zu ihm führen. Möchte dir zeigen, wie tief du ihn kennst, wieviel du von dir schon in seine Hände gegeben hast und welche Aspekte deines Lebens du noch zurückhältst. Damit du befreit von allem Überflüssigen, Falschen und Verdorbenen beginnen kannst, Gott als den zu sehen, der er wirklich ist; und dadurch auch dich zu sehen, wie du wirklich bist. Trau dich, dich auf ihn zu konzentrieren und ihn näher kennenzulernen. Hab keine Angst davor, ob du es aushalten wirst, er wird dir seine konstante, unveränderliche Grundversorgung geben, um die Zeit in der Wildnis durchzustehen. Aber mach es dir auch nicht zu bequem. Die Wüste ist nicht dein Gelobtes Land, nicht deine Vision. Manna ist nicht Gottes Fülle. Es wird eine Zeit kommen, wo du die Früchte der Samen ernten wirst, die du gerade sähst. Und genau wie ich wirst auch du jeden Tag Gründe haben, Gott für das dankbar zu sein, was du in der Wüste gelernt hast und ihn hast tun sehen.

Wenn dich das anspricht, halte nach ihm und dem Ausschau, was er für deine Wüstenzeit beabsichtigt hat. „Himmlischer Vater, ich fühle mich, als wäre ich gerade in der Wüste. Ich bin überfordert und habe Angst, das hier vielleicht nicht durchzustehen. Aber ich will dir vertrauen.

Ich will dich kennen wie ich dich noch nie kannte. Zieh mich zu dir, läutere mich, nimm mir alle meine falschen Vorstellungen von dir weg und offenbare dich mir. Ich vertraue deiner Versorgung und weiß, dass du mich auf das gelobte Land vorbereitest. Ich gebe einmal mehr alles von mir in deine Hand."

In all dem kannst du dich auf seine Versorgung verlassen. Du wirst nicht tiefer fallen als in seine Hand und er wird Brot vom Himmel regnen lassen, um für dich zu sorgen. Sein Manna wird dich erhalten. Es kommt vielleicht in Form von Wundern der Versorgung. Es kommt vielleicht in Form eines Jobs, den du nur angenommen hast, weil du einen brauchtest und nicht, weil er deine wahre Berufung ist. Es kommt vielleicht in Form einer Freundschaft, die Gott nur für eine gewisse Zeit in dein Leben stellt. Egal welche Gestalt Manna für dich haben wird, du kannst darauf vertrauen, dass Gott dich versorgen und den ganzen Weg durch die Wüste hindurchtragen wird. Und er wird dich näher zu sich ziehen als jemals zuvor.

Gottes vollkommene Versorgung

Die zweiten fünf Verse des Dajenus, die „fünf Verse der Wunder", veranschaulichen perfekt Gottes Güte und Liebe zu uns. Sie zeigen sein fürsorgliches Herz, offenbaren ihn als unseren Versorger und die Quelle aller guten Gaben. Sie zeigen uns, was wir über ihn wissen müssen. Er ist der Wegbereiter, der das Meer für uns teilt. Er führt uns trockenen Fußes durchs Meer. Er ertränkt unsere Unterdrücker hinter uns. Er versorgt uns mit Nahrung, Wasser, Schutz und Sieg. Er trägt uns durch die Wüste, während er uns zu sich zieht und uns für unser gelobtes Land läutert. Wo wir in seiner Fülle leben werden, in tiefer Abhängigkeit zu ihm.

Die fünf Verse der Wunder zeigen mir auch, wie mein Leben mit Gott sein kann. Mit ihm gibt es keine Sackgassen, die er nicht für mich öffnen könnte. Er wird mir immer einen Weg bereiten, den ich gehen kann, ohne zu stolpern. Ein Weg, der meinem Glauben und Vertrauen in ihn entspricht. Keiner meiner alten Unterdrücker kann mich anrühren, denn er wird sie hinter mir besiegen. Wo immer er mich hinführt, wird er mich versorgen, mich in eine tiefere Abhängigkeit zu ihm ziehen und mich auf mein gelobtes Land vorbereiten. Wo ich ihn als die wahre Quelle aller Versorgung und der liebevolle Geber aller guten Gaben kennen werde.

Die Verse sind ein Leitfaden dafür, wo ich in dem Prozess, Gott so kennenzulernen wie er wirklich ist, stehe. Wann immer ich in einer ausweglosen Situation bin, kann ich Gott fragen: „Wo bin ich gerade? Musst du das Meer für mich teilen? Oder möchtest du mich einladen, mehr von mir in deine Hand zu geben? Muss ich mich daran erinnern, dass du meine Unterdrücker hinter mir besiegt hast? Oder möchtest du mich neu die Freiheit in der völligen Abhängigkeit zu dir lehren?"

Egal, was seine Antwort ist, mir tut es gut, nach Gottes Absicht hinter jeder Situation zu schauen. Wie Israel werde ich eine tiefe Zeit mit meinem Herrn erleben und jedes Mal, wenn er für mich sorgt, wird eine spürbare Offenbarung seiner Güte sein. Und jedes Mal wird er diese Wahrheit tiefer in mein Herz treiben: Er ist der Versorger aller guten Gaben und von ihm abhängig zu sein ist ein Segen, keine Versklavung, und führt in die vollkommene Freiheit, nicht in Unterwerfung.

Vielleicht brauchst du es gerade, dass Gott dir einen Weg bereitet. Vielleicht brauchst du die Zusicherung, dass der Weg, den er dir bereitet, leicht und stolperfrei zu gehen sein wird. Vielleicht hast du Angst, dass deine Vergangenheit dich bald einholt, und du könntest es gut gebrauchen, dass eine Welle deiner Unterdrücker hinter dir ertränkt. Vielleicht hast du noch nie begriffen, was es heißt, mit allen deinen Nöten auf Gott zu schauen. Vielleicht weißt du, dass du gerade in der Wüste bist, und du machst dir Sorgen, ob du es wohl aushalten wirst.

Wenn irgendetwas davon auf dich zutrifft, lade ich dich ein, dich an Gott zu wenden und ihn zu bitten, sich dir auf tiefere Weise zu offenbaren. Strecke dich nach der kostbaren, wichtigen, lebensverändernden Erkenntnis aus: Gott ist der liebevolle Versorger und die wahre Quelle aller guten Gaben. Bitte den Heiligen Geist dich zu lehren, dass Gott gut ist und dass er dich mit Liebe überhäufen und auf jede nur erdenkliche Not antworten will. Lass diese Erkenntnis alles verändern.

Zu erfassen, dass Gott die einzige Quelle aller Versorgung und aller guten Gaben ist, wird verändern, wo du Hilfe suchst. Gott als vollkommene Güte zu verstehen, der ganz und gar für dich ist, wird verändern, wie du dich ihm näherst. Durch Jesus, Gottes größtes Geschenk, können wir

„voll Zuversicht hinzutreten zum Thron der Gnade, damit wir Erbarmen und Gnade finden und so Hilfe erlangen zur rechten Zeit!" (Hebräer 4,16)

Und dort werden alle unsere Nöte erfüllt und unser Leben mit der Fülle seiner Güte überhäuft.

Erfüllung genug

Die fünf Verse der Nähe zu Gott

Da sind sie nun, nach fünf Schritten aus der Sklaverei und fünf Wundern der Versorgung. Erschüttert, verängstigt, mächtig befreit, wundersam versorgt und siegreich beschützt. Aber immer noch ahnungslos, wofür das Ganze sein soll. Israel hat Gott als mächtigen Befreier und liebevollen Versorger gesehen. Langsam erfassen sie, wer diese Gottheit ist, die da beschlossen hat, ihr Gott zu sein. Aber warum? Welchen Zweck verfolgt er mit dem Ganzen? Wohin führt er sie? Und wie wird wohl ein Leben in seiner Hand aussehen? Bis jetzt haben sie gesehen, wie er handelt. Sie müssen noch sein Herz dahinter sehen. Darüber sprechen die letzten fünf Verse des Dajenus. Sie zeigen, worum es überhaupt geht, zeigen Gottes Absichten hinter jedem einzelnen Schritt bis jetzt, und seine Motivation für den ganzen Exodus. Warum er sich solche Mühe gemacht hat, um uns einen Weg in seine vollkommene Freiheit zu bereiten. Warum er sich als der liebevolle Geber aller guten Gaben offenbart.

Als Gott Mose das erste Mal zum Pharao schickt, gebietet er ihm zu sagen:

„So spricht der HERR, der Gott Israels: Lass mein Volk ziehen, damit sie mir in der Wüste ein Fest feiern können!" (2. Mose 5,1)

Das scheint doch so, als hätte Gott Mose beauftragt, den Pharao anzulügen. Er hatte doch die ganze Zeit vor, sein Volk voll und ganz zu befreien. Warum tut er so, als wollte er mit ihnen nur einen Lobpreisgottesdienst in der Wüste feiern? Ich glaube nicht, dass es eine Lüge war. Es war die absolute Wahrheit. Gott wollte sie aus Ägypten rufen, sodass sie ihn anbeten, ihm begegnen, bei ihm sein und ihn kennen können. Denn das ist seine Motivation und sein Verlangen: Gemeinschaft, Beziehung, Freundschaft. Seine Kinder wieder zu dem wiederherstellen, was Adam und Eva in Eden waren.

Nachdem er ihnen also einen Weg aus der Sklaverei bereitet und sich ihnen als die Quelle aller Sicherheit und Versorgung zeigt, lehrt er Israel, wie man eine Beziehung zu ihm und ein Leben in seiner Hand aufbaut. Ein vollkommen freies Leben, weil es vollkommen von ihm abhängig ist. Wieder braucht es fünf Schritte, fünf Dinge, die Gott einführt, um sein Volk aus allen anderen Zivilisationen der Welt hervorzuheben. Fünf unterschiedliche Offenbarungen seiner Güte und Liebe, um seine Absichten mit uns zu erfassen und zu begreifen: Er selbst ist die Quelle der Erfüllung, nach der wir uns sehnen.

Wie Israel brauchen wir es nicht nur, dass Gott uns frei macht und uns versorgt, wir brauchen seine Erfüllung. Wir sind so gemacht, dass wir ohne ihn nicht vollständig sind. Wir brauchen es, dass er dieses gott-förmige, unendliche Loch in unserer Seele ausfüllt. Und genau wie vorher brauchen wir es, dass Gott uns den Weg zur Erfüllung selbst bereitet. Wir brauchen es, dass er uns in seiner Gnade und Güte diese Beziehung mit ihm *schenkt*. Denn wir könnten sie nicht verdienen und sie nie selbst erschaffen. In ihm allein finden wir Erfüllung. Er allein bereitet uns den Weg, ihn, die Quelle aller Hoffnung und allen Glücks, zu erreichen.

Und wieder zeigt uns das Musterbeispiel seines Volkes die fünf Schritte, die er macht, um diese tiefe Beziehung zu bauen. Wieder lädt er ein in seine Dimension, in sein Königreich zu treten, und sein Angebot der Gnade anzunehmen. Wieder erschafft er selbst, was wir brauchen, bevor wir es je verdienen könnten. Und wieder müssen wir nur Ja dazu sagen.

Wenn er uns den Schabbat gegeben hätte

Das Erste, das Gott unter seinem Volk einführt, um einen Ort der Begegnung und Gemeinschaft mit ihm zu etablieren, passierte tatsächlich schon lange vor dem Exodus, in 1. Mose 2.

Am siebten Tag vollendete Gott das Werk, das er gemacht hatte, und er ruhte am siebten Tag, nachdem er sein ganzes Werk gemacht hatte. Und Gott segnete den siebten Tag und heiligte ihn; denn an ihm ruhte Gott, nachdem er das ganze Werk erschaffen hatte. (1. Mose 2,2-3)

Gott segnet und heiligt den siebten Tag und bestimmt ihn damit zu einem Tag der Ruhe, Reflektion und Beziehung. Es ist des Menschen erste Erfahrung in Eden. Das Erste, was Gott möchte ist, dass der Mensch mit ihm ausruht und die Schöpfung genießt. Das zeigt seine Prioritäten. Die Beziehung mit ihm kommt vor Arbeit und Dienst. Gott festigt diese Institution eines Ruhetags mit seinem gerade befreiten Volk in 2. Mose 16,25-29. Dort sagt er ihnen, dass es am siebten Tag kein Manna geben wird. Stattdessen wird am sechsten Tag eine doppelte Portion vom Himmel fallen. So werden sie alles haben was sie brauchen, um am siebten Tag zu ruhen. In 2. Mose 20,8-11 bestätigt er seinen Ruhetag einmal mehr, als er ihnen gebietet, den Schabbat heilig zu halten. Noch vor allen Geboten, nicht zu töten, zu stehlen oder zu lügen, legt Gott größten Wert darauf, einen Tag der Begegnung und Gemeinschaft einzuführen. Was wieder seine Prioritäten zeigt. In den zehn Geboten etabliert er sich zuerst als der Gott, der sie aus Ägypten geführt hat. Dann untersagt er ihnen, andere Götter anzubeten und seinen Namen zu missbrauchen.

Und dann, bevor er ihnen sagt, wie sie sich sonst benehmen sollen, ruft er sie erst zu sich, indem er seinen Tag der Begegnung und Gemeinschaft als heilig erklärt. In 2. Mose 23,10-11 erlässt er nicht nur einen Ruhetag pro Woche für den Menschen, sondern auch alle sieben Jahre ein Ruhejahr, damit das Land sich erholen kann, Diener freigelassen und Schulden vergeben werden. Was aber passiert, wenn Israel diesen Geboten nicht folgt?

Euch aber zerstreue ich unter die Völker und zücke hinter euch das Schwert. Euer Land wird zur Wüste und eure Städte werden zu Ruinen. Dann erhält das Land seine Sabbate ersetzt, in der ganzen Zeit der Verwüstung, während ihr im Land eurer Feinde seid. Dann hat das Land Ruhe und erhält Ersatz für seine Sabbate. (3. Mose 26,33-34)

Das Land darf seine Ruhezeiten nachholen, die es durch den Ungehorsam des Volkes verpasst hat. So viel Bedeutung und Wert misst Gott der Ruhe bei: Es ist das Erste, was der Mensch im Paradies erlebt und das Erste, was Gott uns zu halten gebietet. Er versorgt uns, damit wir am Schabbat nicht für unseren Unterhalt sorgen müssen. Darüber hinaus dürfen wir die Ruhezeit nachholen, wenn Umstände oder unser eigener Ungehorsam uns davon abgehalten haben.

Wenn man näher betrachtet, wie Gottes Volk diesen besonderen, gottgegebenen heiligen Tag bis heute feiert, unterstreicht es, was für ein einzigartiges Geschenk dieser Tag für uns ist. Nach jüdischer Tradition beginnen alle Tage bereits am Vorabend. Also beginnt auch der Schabbat mit einem Abendessen begleitet von Gebeten des Dankes und des Segens. Die ganze Familie richtet ihre Herzen und

Gedanken entschlossen auf Gott aus, indem sie ihm für seine Güte und Versorgung in Vergangenheit, Gegenwart und Zukunft dankt. Der Vater segnet seine Frau, indem er Sprüche 31,10-31 (das Lob der tüchtigen Hausfrau) vorliest. Dann seine Söhne mit dem Segen von Ephraim und Manasse und seine Töchter mit dem Segen von Sarah, Rebekka, Rahel und Lea. Schließlich alle zusammen mit dem Aaronitischen Segen aus 4. Mose 6,24-26. Dann genießen sie eine Nacht der Ruhe und Erholung, bevor sie den ganzen nächsten Tag in Gottes Gegenwart verbringen.

Was für eine kostbare Einrichtung das ist! Jede Woche gesegnet zu werden! Ein gut etabliertes Ritual zu haben, das dabei hilft, die Arbeitswoche abzuschließen und all ihren Stress und Anforderung hinter sich zu lassen! Sich Gott zuzuwenden, auszuruhen, aufzutanken und Beziehung zu genießen!
Dankbarkeit, Gutes zu empfangen und zu erwarten, sich bewusst Zeiten der Ruhe und Erholung zu nehmen, Raum für Reflektion, Familie und tiefe Begegnungen zu schaffen: All das sind Techniken, die man in fortgeschrittenen Work-Life-Balance-Kursen gelehrt bekommt, um ein Ausbrennen zu vermeiden. Das alles schenkt uns Gott. Er gibt es uns einfach, es ist das Erste, was er tut, sobald der Mensch erschaffen ist. Bitte schön, hier hast du einen Tag der Ruhe, halte ihn heilig. Du wirst gesegnet, wenn du das machst. Er ist fantastisch, oder?

Er macht das heute immer noch so. Als ich in meinem Leben an einen Punkt kam, wo ich mich entschloss, mich ganz in Gottes Hand zu geben, seinem Plan für mich zu folgen und zu tun, was immer er mich zu tun hieß, schenkte er mir zuallererst eine Reise nach Israel. Ich musste sie nicht bezahlen und sie veränderte mein Leben.

Ich war in einer so seltsamen Situation, weil ich gerade erst ein Vorstellunggespräch für einen Job gehabt hatte, den ich ausschlagen musste, um nach Israel reisen zu können. Ich weiß noch, dass meine Jugendleiterin mir ins Gewissen reden wollte: „Nun, es liegt ganz bei dir und was sich für dich richtig anfühlt. Du bist schon eine Weile arbeitslos. Aber du musst selbst entscheiden, ob du jetzt einen Job oder Urlaub brauchst." Obwohl ihre kaum verschleierte Meinung sonst die Welt für mich bedeutete, spürte ich mich im Herzen geführt, die Israelreise anzutreten. Also hörte ich auf mein Herz und machte die Reise, obwohl ich mich sehr genötigt fühlte, meine unvernünftige Entscheidung zu verteidigen. Diese Reise veränderte mich. Gott offenbarte sich mir durch „das Zeugnis der Steine"[4] und durch den Glauben seines Volkes. Er zeigte mir seine Liebe für Israel und damit auch zu uns in einer lebensverändernden, tiefen Offenbarung, zog mich näher zu sich als jemals zuvor und rief mich in seinen Dienst. Es stellte sich also heraus, dass ich tatsächlich den Urlaub mehr gebraucht hatte als den Job.

Während meinen vierzehn Jahren als Hotelangestellte habe ich festgestellt, wie sehr dieser Ruhetag in unseren Knochen steckt. In der Hotellerie ist es nicht unüblich, dass man mal neun Tage am Stück arbeitet. Freie Tage liegen selten am Wochenende und man kann leicht den Überblick verlieren, welcher Wochentag gerade ist. Es kann sehr ermüdend sein. Wieder und wieder erlebte ich dabei Tage, wo alles irgendwie erschöpfender und

---

[4] Angelehnt an Lukas 19,40 beschreibt dieser Ausdruck das Gefühl und Ereignis, wenn man Gott in Israel intensiv als real erlebt. Die Steine bezeugen, dass die Geschichten der Bibel wahr sind.

insgesamt schwerer erschien als normal. Wenn ich dann innehielt und überlegte, warum dieser Tag so viel unerträglicher war, bemerkte ich: Es war der siebte Arbeitstag am Stück! Sechs Tage arbeitete ich ganz normal, der siebte Tag war kaum zu ertragen und der achte Tag war wieder normal. So als würde mein Körper mir sagen: „Moment mal! Das hier ist falsch! Heute sollte es ganz anders sein als die letzten sechs Tage! Warum machen wir immer noch das gleiche?" Jedes Mal, wenn ich einen siebten Tag arbeitete. Man konnte die Uhr danach stellen. Es steckt uns in den Knochen. Gott muss es dahin getan haben.

Im Oktober 2018 wechselte ich Arbeit und Wohnort und war noch dabei, mich an mein neues Leben zu gewöhnen, als ich Anfang 2019 krank wurde. Nicht sehr, nur eine kleine Erkältung, gefolgt von sieben Wochen körperlicher Schwäche. Als hätte jemand die Schwerkraft auf 400% hochgedreht. Was zu Beginn von den Ärzten als ein kleiner Virus diagnostiziert worden war, stellte sich stattdessen als kleiner Burn-Out heraus. Für meinen Arzt war das eine gute Diagnose, weil er dafür Medikamente hatte, namentlich Antidepressiva. Für mich war es ein entsetzlicher Schock. Ich hatte mir doch genug Selbstwahrnehmung und Selbst-Reflektiertheit unterstellt, um meinen Körper und meine Seele zu kennen. Wobei Burn-Out auch noch eines meiner Spezialgebiete ist. Aber Ärzte sind schlechte Patienten, und Seelsorger anscheinend auch. Es brauchte 24 Stunden und eine ganze Menge Reden und Dinge durchsprechen, um meine Gedanken zu sortieren. Besonders, weil ich nicht verstand, was mich so überfordert haben könnte. Mein neues Leben war schiere Leichtigkeit im Vergleich zu dem, was ich zuvor hatte tragen, geben und dienen müssen, sowohl physisch als auch geistlich. Jetzt war ich entspannt, nie überlastet, nie übermäßig erschöpft. Also warum war ich jetzt ausgebrannt und nicht ein Jahr vorher? Da hatte ich mich durch die Depressionsphase der Trauer um meinen verstorbenen Vater durchgekämpft. Da hatte ich unter dem enormen Druck gestanden. Hatte nicht nur auf der Arbeit Leistung zu bringen, sondern zusätzlich in meiner freien Zeit als Evangelist und später Lehrer für die Neubekehrten zu dienen. Warum also jetzt und nicht damals?

Meine Mutter brachte schließlich den Vers aus 3. Mose 26 zur Sprache: „Nun, wenn Gott sagt, dass das Land die Ruhezeiten nachholen muss, die ihm durch den Ungehorsam des Volkes vorenthalten wurden, warum solltest du das nicht brauchen? In den letzten elf Jahren konntest du keinen Schabbat ohne schlechtes Gewissen genießen. Es ist höchste Zeit, dass du einige davon nachholst." Sie hatte recht. Ich brauchte das Nachholen. Ich musste die letzten elf Jahre Revue passieren lassen. Musste reflektieren und sie durchdenken. Für manches dankbar sein und anderes als falsch entlarven. Ich musste sie loslassen, auftanken und Gottes Segen und Versorgung empfangen. Das wollten mir meine Knochen sagen, indem sie die Schwerkraft auf 400% hochdrehten: „Wir haben genug. Es ist Zeit, etwas anderes zu machen. Suche eine Begegnung mit Gott." Was genau das war, was ich brauchte. Was für eine Erleichterung und Wiederherstellung!

Von all den jüdischen Traditionen, mit denen ich aufgewachsen bin, war der Schabbat die erste und am gewissenhaftesten eingehaltene. Lustigerweise war es die Idee meiner Mutter, nicht meines Vaters. In dem Versuch, wenigstens einen Abend pro Woche zu haben, an dem mein Vater früher aus der Druckerei heimkam, schlug sie vor, regelmäßig Schabbat zu feiern. Das war natürlich ganz nach Papas Herzen, also war es auch leicht, es zur Priorität zu machen. So begann die Tradition, auch wenn wir fünf Kinder es nicht mochten und das zeigten, wann immer wir konnten. Unbeirrt erlitt Papa unsere Missachtung, Witze und sarkastisches Augenrollen und feierte unermüdlich weiter Gottes heiligen Tag mit einer Familie, die auf sein „komisches Hobby" herabsah. Bis heute verstehe ich nicht ganz, wie er all unsere Widerspenstigkeit gegen etwas, was für uns nur eine langweilige Herauszögerung des Abendessens, für ihn aber so kostbar war, aushalten konnte. Es ist ein Zeugnis für Papas Ergebenheit und sein unnachgiebiges Festhalten an seiner Überzeugung, dass die Befehle des Herrn richtig sind und das Herz erfreuen. Er lebte einfach weiter seinen Glauben und seine Beziehung zu Gott vor unseren Augen, ohne zu zucken und ohne nachzugeben. Und auch wenn wir das nicht zugaben und ohne es zu bemerken, lernten wir, dass der Schabbat der heilige Tag ist. Ein Tag für Danksagung, Segen, Ruhe, Erholung, Reflektion und Beziehung.

Wie wertvoll es war, mit dieser wundervollen Gott-gegebenen Tradition aufwachsen zu dürfen, begriff ich erst nach dem Tod meines Vaters. Anscheinend hatte er erwartet, dass wir es schon noch begreifen würden, denn als meine Mutter nach der Trauerfeier in Berlin wieder zu Hause war, entdeckte sie beim Aufräumen ein Buch mit der Schabbat-Liturgie und Gebeten in Hebräisch und Deutsch. Mein Vater hatte jahrelang ein ähnliches Buch besessen, aber diese neue Ausgabe enthielt nicht nur die hebräische Version mit Übersetzung, sondern außerdem eine phonetische hebräische Version in lateinischer Schrift. Papa hatte dieses neue Buch bestellt, weil er genau wusste, dass keiner von uns Hebräisch lesen konnte; er wusste, Mama würde diese Lautschrift brauchen.

Es war ein besonders fürsorgliches Geschenk, das Papas Voraussicht und Liebe zu uns zeigte. Und es fiel meiner Mutter gerade rechtzeitig in die Hände. Nur ein paar Tage zuvor hatten wir versucht, uns durch die Schabbat-Zeremonie zu kämpfen, indem jeder einfach einwarf, woran er sich noch erinnerte. Das Resultat war eine Art Flickendecke aus Gebeten und Segensfetzen, unbeholfen zusammengenäht mit Lachen, Tränen, und Erinnerungsfäden. In unserer Kindheit hatten wir oft mitgesprochen, wenn Papa die immer gleichen Verse vorlas, meistens mit spöttischem Augenrollen. Jetzt bemühten wir uns wirklich, es richtig hinzubekommen, und versuchten so viel von der Liturgie zusammenzukriegen, wie uns einfiel. Das Ergebnis war bei weitem nicht perfekt, aber ich bin sicher, es hätte Papas Herz bis zum Rand gefüllt.

Hier in der Lebensgemeinschaft[5], in der ich lebe und arbeite, gibt es eine Tradition. Jeden Mittwochabend essen wir zusammen, beginnend mit dem heiligen Abendmahl und endend mit dem Aaronitischen Segen, den der Leiter über der Gemeinschaft spricht. Heutzutage ist das das, was in meinem Leben einer Schabbatfeier am nächsten kommt. Als ich also dieser Feierlichkeit das erste Mal beiwohnte, machte mich das ein bisschen traurig. Es ließ mich an unsere Schabbatfeiern zu Hause denken und Vergleiche ziehen. Glückliche Erinnerungen an kostbaren Segen gemischt mit Traurigkeit darüber, dass ich nie wieder

---

[5] Lebensgemeinschaft für die Einheit der Christen e.V. auf Schloss Craheim bei Schweinfurt

meinen Vater für mich beten hören werde. Und dann gab mir der Heilige Geist ein unermesslich wertvolles Geschenk: Während unser Pfarrer den Aaronitischen Segen über uns sprach, hörte ich gleichzeitig in meinem Geist die Stimme meines Vaters dasselbe Gebet auf Hebräisch beten. Diese Erinnerung wird mir für immer ein kostbarer Schatz bleiben. Ebenso wie mir der Segen meines Vaters für immer ein kostbarer Schatz bleiben wird.

Aber darf ich dir mal von meinem absoluten Lieblings-Schabbat aller Zeiten erzählen? Es ist der, der am Abend von Jesu Kreuzigung anfing. Während Jesus ins Totenreich hinabstieg, den Tod besiegte, den ich für meine Sünde verdient hätte, und Satan für alle Zeiten besiegte, bekam die Welt einen Tag der Ruhe und Erholung in den Armen des Vaters. Was für unglaubliche Gnade! Er hat wahrhaftig ALLES für mich getan, hat mich vollständig gerettet, ich musste überhaupt nichts tun. Ich hätte nichts tun können. Ich kann in ihm ruhen, während er mich beschützt. Ich kann in ihm ruhen, während er mich versorgt. Ich kann in ihm ruhen, während er den Tod für mich besiegt. Ich kann in ihm ruhen, während er mich erfüllt. Ich kann in ihm ruhen. Jetzt und für immer.

Vielleicht hattest du nie eine Familientradition, um den heiligen Tag der Ruhe einzuläuten. Vielleicht hast du nie gehört, wie dein Vater deine Mutter, deine Geschwister und dich segnet. Vielleicht hast du keine etablierte Tradition, um einen Tag in Gottes Gegenwart zu begehen. Vielleicht denkst du nicht mal sonderlich viel an Gott an deinen freien Tagen. Vielleicht kanntest du Gottes Prioritäten bezüglich Ruhe, Erholung, Reflektion und Beziehung nicht. Vielleicht hast du noch nie darüber nachgedacht. Vielleicht weißt du all das, aber hast in letzter

Zeit diesen Heiligen Tag nicht sonderlich heilig gehalten. Oder vielleicht fällt es dir schwer, Gott zu vertrauen, dass er dich mit deiner doppelten Portion versorgen wird, damit du einen Ruhetag ohne Schuldgefühle genießen kannst. Lass dir sagen: Ruhe zu brauchen steckt bis heute in unseren Knochen. Und Gottes Geschenk dieses heiligen Tages ist für jeden von uns. Er möchte uns segnen. Er möchte uns zu sich ziehen. Möchte, dass wir den Tag in seiner Gegenwart verbringen. Möchte uns erfüllende Ruhe, belebende Erholung und bedeutungsvolle Beziehungen schenken. Er kennt uns, er weiß, dass wir all das brauchen, um unser Leben in einem guten Gleichgewicht zu halten. Deshalb möchte er uns all das schenken. Mal wieder ist alles, was wir dafür tun müssen, sein wundervolles Geschenk anzunehmen. Den siebten Tag hervorzuheben als einen heiligen Tag der Ruhe, wo wir mit Danksagung zu Gott kommen und seinen Segen, Versorgung und Erfüllung in seiner Gegenwart empfangen. Du musst nicht strikt der ganzen Schabbat-Liturgie folgen, aber es hilft, wenn du dein eigenes kleines Abendritual hast, um dein Herz und deine Gedanken mit Danksagung bewusst auf Gott auszurichten. Damit du deinen Tag der Ruhe mit offenen Händen beginnen kannst, den Segen des Himmlischen Vaters zu empfangen und den Ort, den er dir bereitet hat, zu genießen. Ein Ort, ihm tief zu begegnen und erfüllende Gemeinschaft mit ihm zu haben.

„Danke, Himmlischer Vater, dass du einen besonderen Ort für dich und mich geschaffen hast, indem du den Schabbat als einen Tag der Ruhe, Erholung, Reflektion und Beziehung hervorgehoben hast. Bitte vergib mir meinen Ungehorsam, meine Nachlässigkeit und meine Missachtung deines heiligen Tages. Vergib mir, dass ich oft

Schindluder mit meiner eigenen Kraft und meinem Bedürfnis nach Ruhe und deiner Erfüllung getrieben habe. Ab jetzt will ich nicht mehr gewöhnlich nennen, was du heilig nennst. Ab jetzt will ich vertrauen, dass du mir doppelte Versorgung gibst, sodass ich einen Schabbat ohne Schuldgefühle genießen kann. Ich will den siebten Tag als einen Tag freihalten, um dir zu begegnen, in deiner Gegenwart auszuruhen, deinen väterlichen Segen zu empfangen und in dem Wissen deiner Liebe zu mir zu wachsen. Du bist die Quelle meiner Erfüllung. Bitte lehre mich, diesen kostbaren Tag in meinem Leben und meiner Familie zu etablieren."

Der Segen, den Gott auf seinen Heiligen Tag und jene, die ihn halten, gelegt hat, ist in 3. Mose 26,2-13 beschrieben:

„Ihr sollt auf meine Sabbate achten und mein Heiligtum fürchten; ich bin der Herr. Wenn ihr nach meinen Satzungen handelt, meine Gebote bewahrt und sie befolgt, so gebe ich euch Regen zur rechten Zeit; die Erde liefert ihren Ertrag und der Baum des Feldes gibt seine Früchte; die Dreschzeit reicht bei euch bis zur Weinlese und die Weinlese bis zur Aussaat. Ihr esst euch satt an eurem Brot und wohnt in eurem Land in Sicherheit. Ich schaffe Frieden im Land: Ihr legt euch nieder und niemand schreckt euch auf. Ich lasse die Raubtiere aus dem Land verschwinden. Kein Schwert kommt über euer Land. Verfolgt ihr eure Feinde, so werden sie vor euren Augen dem Schwert verfallen. Fünf von euch werden hundert verfolgen, hundert von euch werden zehntausend verfolgen und eure Feinde werden vor euren Augen dem Schwert verfallen. Ich wende mich euch zu, mache euch fruchtbar und zahlreich und halte meinen Bund mit euch aufrecht. Ihr werdet noch von der alten Ernte zu

essen haben und das Alte hinausschaffen müssen, um Platz für das
Neue zu haben. Ich schlage meine Wohnung in eurer Mitte auf
und habe gegen euch keine Abneigung. Ich gehe in eurer Mitte; ich
bin euer Gott und ihr seid mein Volk. "

Mit anderen Worten: Ein Leben in seiner Freiheit durch vollkommene Sicherheit, unerschöpfliche Versorgung und ewige Erfüllung. Das alles beginnt damit, seinen heiligen Tag der Ruhe, Erholung und Beziehung so hoch zu schätzen wie er. Wenn wir damit anfangen, werden wir sehen, wie sein Segen folgen wird. Er wird vollkommen, unerschöpflich und ewig sein.

Wenn er uns zum Berg Sinai geführt hätte

Das Zweite, was Gott unter seinem Volk etabliert, um einen Ort der Begegnung und Gemeinschaft zu schaffen, ist sein ewiger Bund mit ihnen. Wochenlang schon sind sie gereist, durch Wüste und Wildnis gewandert. Wochenlang haben sie Wunder über Wunder gesehen. Dieser Gott ihrer Vorväter, der so viel mächtiger und ehrfurchtgebietender ist als alles, was sie bisher erlebt haben, führt sie als Wolken- und Feuersäule weiter und weiter von allem weg, was sie bislang kannten. Endlich erreichen die Israeliten den Berg Sinai, wo sie ihr Lager errichten. Wie schon viele Male zuvor redet Mose mit Gott und sagt dem Volk, was der Allmächtige gesagt hat. Dieser Gott, der sie gerade mit mächtiger Hand befreit hat, den sie fürchten und dem sie nicht vollständig trauen, offenbart ihnen sein Herz und gibt ihnen die erste Antwort auf die Frage, warum er all das getan hat:

„Ihr habt gesehen, was ich den Ägyptern angetan habe, wie ich euch auf Adlerflügeln getragen und zu mir gebracht habe. Jetzt aber, wenn ihr auf meine Stimme hört und meinen Bund haltet, werdet ihr unter allen Völkern mein kostbares Eigentum sein. Mir gehört die ganze Erde, ihr aber sollt mir als ein Königreich von Priestern und als ein heiliges Volk gehören." (2. Mose 19,4-6)

Das ist es, was Gott wirklich will: Ein kostbares Eigentum, ein Königreich von Priestern und ein heiliges Volk. Sie sollen ihm gehören, an einem Gott-gegebenen Altar dienen, einem Ort, an dem Gott sich offenbart. Sie sollen das Musterbeispiel für die ganze Welt werden, wie es ist, in der tiefen, erfüllenden Beziehung zu leben, für die wir geschaffen wurden. Er möchte einen Ort der Begegnung und Gemeinschaft schaffen, dass wir wieder seine Freunde sein können, so wie Adam und Eva es in Eden waren. Einen Ort, wo wir in seiner vollkommenen Freiheit und Versorgung leben können, und seine vollkommene Erfüllung erleben.

Am Berg Sinai läuft alles auf den wahren Kern von Gottes Charakter hinaus: Beziehung. Sein zu sein, oder nicht sein zu sein, das ist hier die Frage. Er legt ihnen seinen Bund dar, seine Hingabe an sie, all seine Versprechen, sein ganzes Herz. Er zeigt ihnen unbestreitbar, wo er steht, und gibt ihnen die Chance, auch Standpunkt zu beziehen. Ja zu sagen zu seinem Bund und sein Volk zu werden. Gott erscheint zu dieser Begegnung persönlich, kommt ihnen so nah es nur geht, ohne dass sie in seiner Heiligkeit umkommen. Und er fragt sie: „Wollt ihr mein sein?" Wie könnten sie ablehnen? Einmütig antworten sie: „Ja, wir wollen dein sein."

Aber was ist dieser Bund, den er ihnen anbietet? Was ist der Kern dieses Versprechens? Die Antwort finden wir, wenn wir in die Bundeslade, die vergoldete Holztruhe, schauen, die alles beinhaltet, was dieses Bündnis mit Gott verdeutlicht. Zuerst tut Gott dort die Steintafeln mit den Geboten hinein, das Gesetz des Bundes, die Richtlinien, die es zu befolgen gilt, wenn sie Gottes Volk sein wollen. Dann tut er ein Gefäß voll mit Manna in die Bundeslade, Gottes himmlische Versorgung. Zum Schluss tut er Aarons Stab hinein, der Stab, der aufgeblüht war, um Gottes Erwählung von Aaron und seinen Nachkommen als Priester zu bestätigen. Gottes Bund mit seinem Volk verspricht ihnen also seine Führung, seine Versorgung und seine Berufung und Autorität. Mit dem Inhalt der Lade sagt Gott quasi: Ich werde euch durchs Leben führen, ich werde euch versorgen, ihr werdet mein sein. Er möchte sich seinem Volk hingeben als ihre Quelle der Sicherheit, Versorgung und Erfüllung.

Was mich an dieser Stelle am meisten fasziniert ist aber, dass Gott ihnen diesen Bund *anbietet*. Er sagt nicht: „Nun, ihr habt ja gesehen, was mit Ägypten passiert ist, weil sie mir entgegenstanden. Euch blüht das gleiche, wenn ihr nicht tut, was ich euch sage." Nein, er stellt sich ihnen vor, zeigt ihnen, was er zu tun bereit ist, um sie zu retten, zu beschützen und zu erhalten. Erst danach fragt er sie, ob sie den Bund mit ihm eingehen wollen. Er fragt liebevoll: „Ich möchte euer Gott sein, wollt ihr mein Volk sein?"
Wieder sehen wir dieses Verlangen nach Beziehung, nach Begegnung. Am Berg Sinai ist es Gott wichtig, dass das ganze Volk, nicht wie sonst nur Mose, seine Stimme hört. Er möchte gekannt sein, möchte, dass jeder einzelne von ihnen ihm begegnet. Nach allem, was er für sie getan hat, ist es immer noch ganz und gar ihre Entscheidung, ob sie seinen Bund halten wollen oder nicht. Das macht mich sprachlos. Es ist überwältigend unglaublich.

Und es ist genau das, was es für eine tiefe, erfüllende Beziehung braucht. Genau wie ganz am Anfang, als er den Baum der Erkenntnis pflanzte, stellt Gott wieder unseren Willen über seinen, damit wir ihm gleichgestellt sein können. Damit wir frei sein können, ihn zurückzulieben. Gottes Beherrschung und Hingabe bilden die perfekte Grundlage, um die erfüllende Beziehung zu bauen, für die wir gemacht sind und die wir so sehr brauchen. Und es braucht unsere Hingabe, unser Ja zu seinem Bund, um diese Beziehung zu beginnen.

Als ich etwa siebzehn oder achtzehn war, waren Papa und ich einmal im Auto unterwegs, auf dem Rückweg von unserer wöchentlichen Reitstunde. Ich durfte bestimmen, welche Musik wir hörten und hatte ein aktuelles R&B Album gewählt, das ich mochte. Zwischen den Liedern spielten immer wieder kleine Clips von Teenagern, die über Liebe redeten. An einer Stelle sagte einer von ihnen in einer gelassenen, allwissenden Stimme: „Love is just a feeling..." (Liebe ist nur ein Gefühl), die mein Vater nachmachte, als er daraufhin sagte: „No, love is a decision..." (Nein, Liebe ist eine Entscheidung). Das ist bei mir hängengeblieben. Ich sehe die Wahrheit in diesem Statement, wann immer ich Gottes Liebe zu mir sehe. Er liebt mich nicht, weil ich liebenswürdig bin. Er liebt mich, weil er sich dazu entschieden hat. Weil er Liebe ist. Er kann nicht anders, als mich zu lieben.

Wann immer ich mich irgendwo wiederfinde, wo ich nie enden wollte, in irgendeiner schrecklichen Sünde feststeckend, entwürdigt und gebunden und daran zweifelnd, ob Gott mich immer noch liebt, höre ich meinen Vater sagen: „Liebe ist eine Entscheidung...". Eine Entscheidung, die Gott getroffen hat, bevor er die Welt erschaffen hat. Eine Entscheidung, die er niemals bereut. Eine Entscheidung, die aus seinem Wesen heraus geboren ist und die von meinem Handeln komplett unbeeinflusst bleibt. Wieder und wieder hält Gott an seinem Bund mit seinem Volk fest, unterstreicht ihn, bietet ihn wiederholt an, bekräftigt ihn und erweitert ihn sogar, als neuen Bund, um uns, die Heidenvölker, mit hineinzunehmen.

Als Gott mich auf meine lebensverändernde Israelreise mitnahm, war die größte Offenbarung, die er mir schenkte, die seiner unveränderten, unverminderten Liebe zu seinem

Volk. Es war als hätte er eine Tür zu seinem Herzen geöffnet. Für einen Moment konnte ich sehen, dass er auf ewig seinen Bund mit Israel halten wird, ohne zu zucken und ohne nachzugeben. Allein die Tatsache, dass der Staat Israel überhaupt existiert, zeigt, wie wenig Gott von seinem Versprechen an sein Volk abgerückt ist. Die Tatsache, dass die israelische Armee die mit Abstand erfolgreichste Armee der Welt ist, zeigt, wie sehr Gott immer noch für sie kämpft. Die Tatsache, dass über 20% aller Nobelpreisträger jüdischer Herkunft sind, zeigt, wie sehr Gottes Segen noch heute auf den Israeliten liegt. Würden die Preisträger einen repräsentativen Querschnitt der Weltbevölkerung bilden, wären nur 0,2% davon jüdischer Herkunft. Er ist nie von seinem Bund mit ihnen abgewichen. Er wird es nie tun. Er hat nie aufgehört, ihr Gott zu sein und sie sein Volk zu nennen. Er wird es nie tun.

Im Neuen Testament ist das einzig neue an dem Bund, was rechtfertigen würde, ihn so zu nennen, dass nun durch Jesus auch wir Heiden dazu eingeladen sind. Indem Jesus das ewige Passahlamm, unser ewiger Priester und der ewige Tempel, um dem Himmlischen Vater zu begegnen geworden ist, hat er den Bund nicht ersetzt, sondern erfüllt. Zuvor war Jesu Position von drei Platzhaltern ausgefüllt. Das Passahlamm war eingeführt worden, um für Schuld zu sühnen und vom Tod zu befreien, Es erinnerte Gott an das Lamm, das kommen würde. Der gesalbte Priester war als Mittler zwischen dem Volk und Gott eingesetzt und erinnerte ihn an den Priester, der kommen würde. Der Tempel war als ein Ort der Begegnung mit Gott gebaut, und erinnerte ihn an den Tempel, der kommen würde. Jesus erfüllte den Bund, indem er die Platzhalter ersetzte und ihn für die gesamte

Menschheit öffnete. Aber der Kern bleibt unverändert. Gott sagt immer noch zu Israel und wer es sonst noch zu hören bereit ist: „Ich werde euch durchs Leben leiten, ich werde euch versorgen, ihr werdet mein sein. Ich möchte euer Gott sein, wollt ihr mein Volk sein?" Und alles, was wir tun müssen, um in diesen heiligen, unveränderlichen, ungeschmälerten Bund mit ihm zu treten, ist Ja zu sagen.

Dieses Ja kann ebenso oft wiederholt werden, wie Gott sein Angebot an uns wiederholt. Das muss es sogar. Jeden einzelnen Tag laufe ich Gefahr, von meiner gefallenen Natur zu Fall gebracht zu werden. Jeden Tag werde ich von meinem Geist gerufen, einmal mehr an Gott festzuhalten. Sein Bund mit mir steht, unfehlbar. Ich bin die, die dazu Ja sagen muss. Manchmal minütlich. Aber mit jedem Mal zieht mich Gott tiefer in seine Gegenwart, seine Dimension, sein Königreich. Und tiefer in seine vollkommene Freiheit.

Es ist kein Wunder, dass es eine sehr intensive Begegnung ist, die Israel am Berg Sinai erlebt. Nachdem Mose Israels Ja zu ihm gebracht hat, fährt Gott auf den Berg nieder, um dem ganzen Volk zu begegnen. Sie sind darauf vorbereitet, haben sich geweiht, damit sie nicht in seiner Heiligkeit umkommen. Wie eine feurige Gewitterwolke verweilt er auf der Bergspitze und erweckt Ehrfurcht in den Menschen unter ihm. Sie alle erleben gerade so viel Nähe zu Gott, wie sie aushalten können. Das neue Bündnis mit Gott wird mit einem Opfer zelebriert, mit dessen Blut Mose das Volk besprenkelt, um dem Bund zu besiegeln. Dann wird Mose allein in die Wolke gerufen, um Gottes Gebote zu empfangen.
Er bleibt vierzig Tage und vierzig Nächte dort oben. Währenddessen werden die Israeliten rastlos. Mose bleibt

so lange weg, dass sie annehmen, er sei in Gottes Heiligkeit gestorben. Sie wollen nicht länger warten. Also fordert das Volk von Aaron, dass er ihnen einen Gott macht, den sie anbeten können. Aaron selbst wartet auch nicht. Er sammelt goldene Gegenstände von allen, schmilzt das Gold ein und macht daraus einen Götzen in Form eines Kalbes. Er baut einen Altar, um diesem Götzen zu opfern, und das Volk hält ein großes Fest mit Essen, Trinken und allgemeiner Ausschweifung.

Von allen Fehltritten, die Israel auf ihrer Reise mit Gott machen, ist dieser für mich aus zwei Gründen bedeutsam: Erstens, weil Aaron, obwohl er mitten dabei war, hinterher dafür trotzdem nicht niedergemacht wird. Dadurch fühlt es sich für mich so an, als hätte Gott erwartet, dass das passiert oder als hätte Aaron getan, was er hatte tun sollen. Und ich glaube, wenn er getan hat, was er hatte tun sollen, dann passierte das Ganze zugunsten des Musterbeispiels, zu dem Gott Israel mit der Geschichte des Exodus gemacht hat. Zweitens wegen des Materials, aus dem das Kalb gemacht war. Diese goldenen Gegenstände waren sehr wahrscheinlich ein Großteil des Schatzes, den die Israeliten von den Ägyptern bekommen hatten, ehe sie die Sklaverei verließen. In ihrem Eifer, einen Gott zum Anbeten zu haben, verwandeln sie die Schätze aus dem Land ihrer Unterdrückung in einen Götzen.

Ganz ähnlich habe ich viele Menschen in der Familie Gottes gesehen, deren Dienst, entstanden aus dem Sieg über ihre Unterdrückung, zu einem falschen Gott geworden ist. Sie hatten Gottes Gnade in Form der Schätze des Landes ihrer Unterdrückung angenommen und sie dann für den Grund gehalten, warum Gott sie überhaupt gerettet hat. Also hingen jetzt ihr Wert, ihre

Rechtschaffenheit und ihre Erlösung davon ab, wie erfolgreich ihr Dienst war. Und sie begannen ihre Berufung anzubeten, anstatt den, der ihr Herz zu sich gerufen hat.

Als Teenager ging ich zum ersten Mal durch so einen Prozess. Ich fing gerade an, zu sehen, wie Gott mich als waren Freund für viele meiner Freunde gemacht hatte. Sie kamen zu mir, um Dinge durchzusprechen und ein paar weise Gedanken dazu zu hören, oder weil sie sich Einblicke aus meiner Außenperspektive erhofften. Aber weil auch ich diesen Dienst für den Grund hielt, aus dem Gott mich errettet hatte, fühlte ich mich verantwortlich und wie ein Riesenversager, wann immer jemand meinen Rat nicht befolgte oder sich mir nicht anvertraute. Wenn ich nur eine bessere Freundin gewesen wäre, hätten sie mir vertraut und besser gelebt. Meine Berufung bestimmte meinen Wert und meine Erlösung. Also diente ich eher ihr als Gott. Denn ich war überzeugt, dass Gott mich seinetwegen gerettet und gerufen hat, um ihm zu dienen, anstatt dass er mich meinetwegen gerettet und zu sich gerufen hat. Das ist eine sehr giftige Falle, aber es ist auch etwas, von dem Gott mich liebend gerne befreien möchte. Seine vollkomme Freiheit beinhaltet auch jede Fessel, die ich mir selbst anlege, selbst wenn wir das Kapitel, wo ich von meinen falschen Göttern befreit werde, schon durchgearbeitet hatten. Er hat kein Problem damit, Extrarunden zu drehen, wenn mich das am Ende näher zu ihm bringt.

Ich glaube, genau wie das Bedürfnis nach Ruhe steckt auch ein Bedürfnis nach Gottes Bund in uns. Ein Bedürfnis, zu wissen, warum er uns geschaffen, uns gerettet, uns geliebt hat. Ich glaube, dass Israels Rastlosigkeit am Fuße des Berges Sinai aus diesem tiefen Verlangen, endlich auf die

Ehrfurcht und Sehnsucht zu reagieren, die Gottes mächtige Taten in ihnen hervorgerufen haben. Sie wollten einen Gott zum Anbeten haben. Ebenso will etwas in mir angesichts Jesu Opfer und des Vaters Erbarmens sich verbeugen, sich ihm hingeben und Wege finden, diese unbeschreibliche Gnade zurückzuzahlen. Es ist schwer zu verstehen und schwerer zu ertragen, dass seine Entscheidung, uns zu lieben, unwiderruflich, unveränderlich, unbezahlbar und erschreckend einseitig ist. Dass wir nur Ja zu ihm sagen können und sonst nichts scheint eine viel zu kleine Reaktion, die unmöglich genug sein kann.

Nachdem Gott mich davon befreit hatte, meine Berufung anzubeten, wollte ich wirklich verstehen, warum Gott mich geschaffen, gerettet und geliebt hat. Dabei merkte ich, wie Gott eine mögliche Antwort nach der anderen entfernte. Es war mir klar, dass ich den Preis, den er für mich bezahlt hatte, nicht wert war. Besonders wenn man bedenkt, in was für einem Zustand er mich gefunden hatte. Ich konnte in mir nichts finden, was sein Sterben am Kreuz gerechtfertigt hätte. Also dachte ich, es müsse um das Potential in mir gehen. Deshalb bemühte ich mich, dafür zu sorgen, dass sich sein Erbarmen für mich für ihn lohnte. Das führte mich direkt in bedrückende Verdammnis. Denn ich erkannte bald meine Unfähigkeit, irgendetwas zu tun oder zu sein, was den Preis, den er bezahlt hatte, wert wäre. Nicht nur waren meine kleinen guten Taten nicht der Rede wert, ich merkte auch, dass selbst die kleinen Dinge, die ich versuchte, für ihn zu tun, komplett davon abhängig waren, dass er in mir und durch mich arbeitet. Also war alles, was ich glaubte für ihn zu tun, in Wirklichkeit etwas, was er tat. Wann immer mir der Heilige Geist etwas über Gottes Liebe zu mir zuflüsterte, sagte er mir, dass er mich gerettet hatte, weil er nicht ohne mich sein konnte. Aber was in der Welt konnte so unersetzlich sein? Was immer es war, musste doch etwas sein, was er in mich gelegt hatte? Also hatte ich wieder nichts zu unserer Beziehung beizutragen. Was sah er also in mir? Am Ende beantwortete Gott meine Frage so: „Ein Stück meines Herzens ist in dir. Ich habe es in dich gelegt, dich daraus gemacht. Ich bin ohne dich nicht vollständig. Mir fehlt ein Stück. Das Stück, dass ich genommen habe, um mir ein Gegenüber zu schaffen, das die gleichen Dinge liebt, die ich liebe, die gleichen Dinge genießt, die ich genieße, und sich an den gleichen Dingen erfreut, die mich erfreuen. Darum habe ich dich aus meinem Herzen gemacht und aus meiner Liebe geboren. Denn ich wollte, dass du die Schöpfung mit mir liebst. Das macht dich den Preis wert, den ich für dich bezahlt habe. Nein, du kannst es mir nicht zurückzahlen. Du kannst mein Ja zu dir nicht verdienen. Alles, was ich mir wünsche, ist, dass du Ja zu mir sagst."

Das ist alles. Nichts mehr und nichts weniger. Ich wurde aus seiner Liebe gemacht, weil er mich liebt. Ich bin geliebt, weil ich aus seiner Liebe gemacht bin. Es scheint vielleicht manchmal schwer zu ertragen. Es kann manchmal frustrierend sein, den Drang zu bekämpfen, das Unbezahlbare zurückzuzahlen. Unser Verlangen, den Preis wert zu sein, den er für uns bezahlt hat, hat uns vielleicht dazu gebracht, unsere Berufung anzubeten, anstatt den, der uns zu sich ruft. Vielleicht ist seine Liebe zu uns manchmal schwer zu begreifen, sein unveränderliches Ja zu uns schwer zu ertragen. Aber der Bund, den er uns anbietet, den wir nie zurückzahlen und dem wir nichts hinzufügen können, ist das Herzstück der Liebe des Vaters. Sein zu sein oder nicht sein zu sein, ist die einzige Frage, auf die wir eine Antwort finden müssen.

Vielleicht kämpfst du auch damit, Gottes unbezahlbare Liebe zu dir anzunehmen. Vielleicht versuchst du immer noch, Wege zu finden, dich seinem Erbarmen würdig zu erweisen. Vielleicht begreifst du gerade erst, dass Gott dich deinetwegen und zu sich gerufen hat, anstatt seinetwegen und in den Dienst. Vielleicht ist der Gedanke, Gottes kostbares Eigentum zu sein, noch etwas zu schwer zu verstehen. Vielleicht hast du dir Gottes Bund noch nie genau angeschaut und fühlst jetzt, da du es getan hast, zum ersten Mal den Drang, darauf etwas zu erwidern. Dann höre auf dieses Verlangen und wage es, Ja zu Gottes Bund mit dir zu sagen. Es wird der größte Schritt in die Freiheit sein, den du je getan hast.

„Himmlischer Vater, meine Seele ist bis aufs Mark erschüttert, mein Herz zerbrochen angesichts deiner Liebe zu mir! Ich habe versucht, dein Opfer zu verdienen. Habe versucht, den Preis, den du für mich gezahlt hast, zurückzuzahlen. Ich habe meine Berufung angebetet, anstatt auf dein Rufen zu antworten. Ich habe dir misstraut und dir Hintergedanken unterstellt. Aber ich will dich als den kennenlernen, der du wirklich bist. Will deinen Character ergreifen, deine Liebe empfangen und Ja zu deinem Bund sagen. Hier bin ich. Ich möchte dein sein. Will für immer dein kostbares Eigentum sein. Heiliger Geist, bitte lehre mich, Gottes Führung zu folgen, seine Versorgung zu suchen und ganz sein zu sein. Bitte ziehe mich tiefer in deine Gegenwart, deine Dimension, dein Königreich und deine vollkommene Freiheit."

Endlich zu erfassen, dass der Preis, den Jesus für mich bezahlt hat, nicht zurückzahlbar ist, hat mich von dem Drang frei gemacht, meine Erlösung mit Taten zu erarbeiten. Es entlarvte die Lüge, ich könnte mir Gottes

Liebe irgendwie rückwirkend verdienen. Es hat mich von Gesetzlichkeit und davon befreit, Gott mit falscher Motivation zu dienen. Aber es hat mich nicht davon abgehalten, für ihn zu leben. Es hat mir stattdessen die richtige Motivation gezeigt, ihm zu folgen. Seiner tiefen, unveränderlichen, unendlichen Liebe zu mir zu begegnen, brachte mich dazu, Gott so lieben zu wollen, wie er es verdient hat. Also nahm ich mir Jesus zum Vorbild dafür, wie man den Vater liebt. Dabei erkannte ich, dass Jesus die Erniedrigung, die Peitschenhiebe und das Kreuz ertrug, weil er den Vater so sehr liebte, dass er es nicht ertragen konnte, dass Gottes Herz zerbrochen bleibe. Er wollte uns den Weg bereiten, zum Vater zurückkommen zu können, damit die Teile von Gottes Herzens ihm wiedergebracht werden könnten. Das ist meine Motivation, im Reich Gottes zu arbeiten: Den Vater so zu lieben, wie Jesus ihn geliebt hat, und ihm deshalb die Teile seines Herzens zurückzubringen. Ich möchte jeden Menschen, dem ich begegne, als ein Teil des Herzens Gottes sehen; ein Teil, den er schmerzlich vermisst. Ich möchte Gott so sehr lieben, dass ich es nicht ertragen kann, wenn sein wunderschönes Herz zerbrochen ist. Jedenfalls wünschte ich, ich wäre diese Person. Ich arbeite daran, diese Person zu sein. Aber auch in dieser Sache muss ich akzeptieren: Ich kann allein nichts tun und muss den Heiligen Geist in mir wirken lassen. Alles, was ich tun kann, ist Ja zu seinem Bund, seiner Führung und Versorgung zu sagen. Ja dazu sagen, sein zu sein, und ihn den Rest tun zu lassen.

Das ist die Beziehung, zu der sein Bund uns einlädt. Das ist es, wozu wir Ja sagen, wenn wir uns endlich hingeben und sein werden. Und unser Ja wird uns unvermeidlich tiefer in seine Gegenwart, seine Dimension, sein Königreich und seine vollkommene Freiheit ziehen.

Wenn er uns seine Gebote gegeben hätte

Das Dritte, was Gott unter seinem Volk einführt, um einen Ort der Begegnung und Gemeinschaft zu schaffen, sind seine Gebote. Sie sind Teil seines Bundes. Nachdem er ihnen am Berg Sinai sein Bündnis angeboten hat, gibt er ihnen seine Richtlinien dafür. Bislang kannte Israel keine andere Zivilisation, kein anders Rechtssystem, keine andere Weltanschauung als die ägyptische. Aber Gott hatte all das vor ihren Augen bloßgestellt und zerstört. Also wissen sie nicht wirklich, was es heißt, ein Volk zu sein, wie man eine Zivilisation aufbaut, wie man gesund lebt oder wie man Krankheiten behandelt. Sie haben keine Kultur, keine Sitten, keine Rituale, keine Traditionen und keine Richtlinien, um ein gutes Leben zu führen. Aber sie müssen sich keine Sorgen machen, denn all das ist auch Teil von Gottes Bund mit ihnen. Nachdem er dem ganzen Volk am Fuße des Berges Sinai begegnet ist und den Bund mit ihnen besiegelt hat, ruft Gott Mose auf den Berg, um ihm seine Gebote zu geben. Wir reden dabei bei weitem nicht nur von den zehn Geboten. Die Gesetze, die Mose dem Volk mitbringt, von Gott auf Steintafeln handgeschrieben, beinhalten alles, was eine Nation wissen muss, um ein Leben in Frieden, Gerechtigkeit, Gesundheit und Wohlstand zu führen. Sie sind weit mehr als nur Regeln, wie man opfert, Buße tut und Erbarmen empfängt. Sie begründen ein komplettes Rechtssystem, das Ehe- und Scheidungsrechte, Erbrecht, Entschädigungsrecht, Personenschadensrecht, Recht bei Viehunfällen, Eigentumsrecht, Sozialversicherung und Sozialverantwortung beinhaltet. Sie bieten Anleitung für eine gesunde Lebensweise, Hygiene, Ernährung und Haushaltung. Alles von Händewaschen über Behandlung von Hautausschlag bis hin zur Entfernung von Schimmel in der Hauswand. Alles, was andere Zivilisationen durch Versuch und Irrtum erarbeiten und kultivieren mussten, überreicht Gott seinem Volk auf einem steinernen Tablett.

Was für unermessliches Erbarmen und unbeschreibliche Gnade es ist, beigebracht zu bekommen, wie man ein gutes Leben führt! Jahrtausende vor Robert Koch und Louis Pasteur weiß Israel schon, dass man sich besser die Hände wäscht, Jahrtausende vor allen Diätprofis weiß Israel schon, dass man am besten nur das Muskelfleisch eines Tieres isst. Das sind keine Gesetze, die dich gerecht machen, indem du ein makelloses Leben führst. Es ist Gottes Leitfaden zu seinem Segen. Die Gebote sind ein riesiges Geschenk. Sie zeigen einmal mehr Gottes Liebe zu seinem Volk. Wie der Schabbat und sein Bund, hebt dieses Geschenk Israel wieder unter allen anderen Nationen der Erde hervor. Diese Gebote bilden noch heute die Grundlage für die Gesetzgebung vieler Länder, was die Weisheit dahinter belegt und die ewige Beständigkeit von Gottes Wort zeigt.

Kein Wunder, dass gläubige Juden das Empfangen der Torah jedes Jahr feiern, indem sie voller Freude mit den Schriftrollen durch die Straßen tanzen und dabei Lieder des Dankes und der Ehre über Gottes erstaunliche Liebe und Gnade singen. So sehr erfreuen sie sich an Gottes Erbarmen, ihnen Regeln für ein gesegnetes Leben zu geben. Wie muss es Jesu Herz zerrissen haben, Menschen zu begegnen, die davon gebunden waren, dass Leute wie die Pharisäer seines Vaters liebevollen Leitfaden durch das Leben so gnadenlos interpretierten. Wie muss es ihn bis heute traurig machen, wenn Christen das alte Gesetz das Gegenteil von Gnade und Liebe nennen, anstatt es als ein Ausdruck ihrer zu sehen. Denn das sind die Gebote.

Durch sie sagt Gott: „Ich liebe euch, also möchte ich nicht, dass ihr falsche Hoffnung, falsche Sicherheit, und falsche Erfüllung bei Götzen sucht. Ich liebe euch, also möchte ich nicht, dass ihr einander hasst, aufeinander neidisch seid, oder einander zerstört. Ich liebe euch, also möchte ich nicht, dass ihr Dinge tut, die euch schaden. Ich liebe euch, also möchte ich, dass ihr gut seid. Ich liebe euch, also biete ich euch einen Weg, wann immer ihr Böses tut, umzukehren und mein Erbarmen zu empfangen. Ich liebe euch, also wird mich jedes Sühneopfer, was ihr bringt, an das Opfer erinnern, das ich bringen werde, um euch für immer reinzuwaschen und den Preis für eure Sünde zu zahlen."

Die Gesetze sind eigentlich nicht mehr komplett neu. Die Tatsache, dass Adam und Eva sich vor Gott versteckten, nachdem sie die Frucht gegessen hatten, zeigt ihr schlechtes Gewissen. Das gleiche sehen wir, als Kain, nachdem er Abel umgebracht hat, Gott gegenüber abwehrend wird. Das kann nur eines bedeuten, jedenfalls in meinen Augen: Gott hat seine Gesetze schon bei der Schöpfung in den Menschen gelegt. Unser Gewissen sagt uns, was richtig und was falsch ist. Es soll uns zu seinem Segen leiten. Gottes Gebote sind uns ins Herz geschrieben.

Wir brauchen diese Richtlinien zu seinem Segen. Sie lehren uns Gottes Charakter und Güte. Wir können so viel über seine unendliche Treue lernen, wenn wir uns anschauen, wie wenig er möchte, dass wir untreu sind. Wir können so viel über seine unerschütterliche Gerechtigkeit lernen, wenn wir uns anschauen, wie wenig er möchte, dass wir zueinander ungerecht sind. Wir können so viel über seine unermessliche Großzügigkeit lernen, wenn wir anschauen, wie wenig er möchte, dass wir einander gegenüber knauserig sind.

In meiner Schulzeit hing an unserem Kühlschrank ein großer Wochenplaner aus sechs Blättern, eines für jeden Wochentag, Sonntag ausgenommen. Jedes Blatt zeigte den Stundenplan von meinen Geschwistern und mir und darunter die Hausarbeiten, die wir an dem jeweiligen Tag zu erledigen hatten. Jeder von uns musste einmal die Woche den Müll rausbringen, einmal wöchentlich den Abwasch machen, einmal wöchentlich einkaufen gehen und einmal wöchentlich einen der Gemeinschaftsräume wie Wohnzimmer, Küche oder Bäder, putzen. Mit fünf Kindern in der Familie kam da eine ganze Menge Haushaltshilfe zusammen, fand ich damals jedenfalls. Aber objektiv natürlich nicht annähernd genug. Wenn Klassenkameraden diesen Wochenplaner sahen und wie viele Hausarbeiten ich in der Woche zu tun hatte, bedauerten sie mich oft und sagten, dass sie überhaupt nicht so viel helfen müssten. Das ließ mich meistens mich selbst bedauern und gegen meine Mutter wettern, die uns so viel arbeiten ließ. Es schien so unfair, dass meine Freunde ihre Kindheit genießen durften, während ich so erwachsen sein und im Haushalt helfen musste. Bis ich in der dritten Klasse auf Klassenfahrt fuhr und die Einzige war, die wusste, wie man ein Bett bezieht. Da begriff ich, dass meine Mutter uns nicht als Diener behandelte, sondern uns zu lebensfähigen Menschen erzog. Dafür liebe ich sie.

Wie Adam und Eva kommen uns Gottes Gebote manchmal wie Einschränkungen vor, harsche Begrenzungen unserer Selbstbestimmung, und wir übersehen dabei die herrliche Wahrheit: Diese Gesetze sind für uns, zu unserem Besten! Sie sind Grenzen, die er uns vorgibt, um ein Leben in seiner vollkommenen Freiheit zu leben. Sie wurden uns auf dem Steintablett serviert, damit wir uns und einander nicht verletzen. Sie lehren uns, lebensfähige Menschen zu sein. Im Stande, einander und Gott zu lieben.

In der achten Klasse hatte ich zum ersten Mal Chemieunterricht. Unser Lehrer war unser stellvertretender Schulleiter, ein furchteinflößend aussehender, respektgebietender Mann. Die erste Unterrichtsstunde verbrachte er damit, uns seine Regeln auszuzählen. In ruhiger, aber einschüchternder Art zählte er seine Strafen für jede mögliche Übertretung auf, die eine Gruppe Teenager begehen könnt. Es war gelinde gesagt furchterregend. Aber es legte die Grundlage für den besten Unterricht meines ganzen Schullebens. Kein anderer Lehrer hat mir so viel beigebracht. Weil wir wussten, was uns blühen würde, wagte niemand, irgendetwas anzustellen. Und weil schlechtes Benehmen völlig außer Frage war, folgten wir seinem Unterricht aufmerksamer als in allen anderen Fächern zusammengenommen. Nur ein einziges Mal in den zwei Jahren mit diesem Lehrer verletzte einer meiner Mitschüler eine Regel: Er kaute Kaugummi. Er wurde sofort erwischt, entfernte das Kaugummi und befürchtete das Schlimmste. Aber das Einzige, was er erleiden musste, war ein langer, vernichtender Blick unseres Lehrers. Keine Strafe. Die war nicht nötig, weil das Wissen um die Konsequenzen irgendwie ausreichte. Es untergrub die Autorität unseres Lehrers nicht im Geringsten. Wir benahmen uns bis zur letzten Stunde bestens. Das Auftreten unseres Lehrers ließ nichts anderes zu.

Indem er seine Gesetze von vorherein festlegt, bestimmt Gott den Ton für die Beziehung zu seinem Volk und legt die Grundlage für die Nation, die er baut. Sie begründen den Maßstab für seine Heiligkeit und setzen die Messlatte hoch an, in einigen Fällen unerreichbar hoch. Aber er weiß, dass sein Maßstab unerreichbar ist. Er weiß, dass wir versagen werden und sein Eingreifen brauchen, um von unserer Sünde gerettet zu werden. Deshalb hat er Gebote zum Sühneopfer gegeben. Nicht, weil das Blut eines Tieres unsere sündige Natur verändern könnte. Sondern weil jedes geopferte Lamm ihn an das kommende Opferlamm erinnert. So zeigt sich Gottes Liebe und Gnade in seinen Geboten. Er gibt uns Richtlinien, die uns zu seinem Segen führen, und mit ihnen einen Weg, von unserer verfluchten Natur gerettet zu werden: durch das Blut des Lammes.

Seine Gebote sind immer noch genauso sehr Teil seines Bundes mit uns, wie an dem Tag, an dem Israel sie zum ersten Mal empfing. Aber indem Jesus das ewige Passahlamm, unser ewiger Priester und der ewige Tempel der Begegnung mit Gott geworden ist, lädt er uns ein, sie uns neu aufs Herz zu schreiben. Unser Gewissen so wiederherzustellen wie es in Eden war. Dass wir in unserem Herzen wissen, wie wir seinem Beispiel folgen, uns nach seiner Heiligkeit sehnen und uns nach Läuterung ausstrecken. Wir brauchen diese Wiederherstellung. In einer gefallenen Welt zu leben, bringt unsere Wahrnehmung von richtig und falsch durcheinander, malt das Leben grau, ohne schwarz und weiß auseinander halten zu können.

Mit Anfang zwanzig fuhr ich drei Sommer hintereinander auf evangelistische Einsätze in die Ukraine. Das warme Kontinentalklima gibt dem Land heiße Sommer. Selbst nachts wird es nicht viel kühler. Also kleiden sich Ukrainer meist sehr freizügig. Am Strand hatten nur die Mädels aus unserer Gruppe Badeanzüge an, die Ukrainerinnen trugen ausnahmslos Bikinis, egal mit welcher Figur. Selbst in klimatisierten Einkaufszentren konnte man Frauen sehen, die weniger Stoff am Köper hatten, als ich brauche, um mein Gesicht zu bedecken. Was zu Beginn erschreckend nackt war, war nach einer Woche ganz normal. Als wir nach zwei Wochen zurück nach Deutschland kamen, war es deshalb fast seltsam und für die Augen irgendwie entspannend, wieder Leute zu sehen, die weder bauchfrei noch mit nackten Oberschenkeln herumliefen. Weil wir unser Gewissen an die ukrainische Norm angepasst hatten, mussten wir es nachjustieren, als wir nach Hause kamen.

Wir alle brauchen es, dass Gott unser Gewissen nachjustiert. Manchmal täglich. Weil wir in einer gefallenen Welt leben und sehr fähig sind, unsere Weltanschauung wenn nötig umzugestalten. Ein befreundeter Pastor hat diese Eigenschaft des Menschen wieder und wieder bei Straßeneinsätzen in Rotlichtvierteln erlebt. Die meisten Prostituierten erzählten, dass es sie nicht stört, ihren Körper zu verkaufen. Viele sagten sogar, dass sie es mögen. Aber sobald sie gefragt wurden, ob das von Anfang an schon so gewesen war, brachen sie unter Tränen zusammen und erzählten, wie sehr sie die ersten Jobs hassten, wie ekelerregend es war und wie beschämt und entwürdigt sie sich danach gefühlt hatten. Sie hatten sich hart machen und ihr Gewissen anpassen müssen, um zu überleben.

Es kann eine erschütternde Erfahrung sein, festzustellen, wie sehr mein Gewissen schon von Gottes Gesetzen abweicht. Zu sehen, wie er mich eigentlich gedacht hatte und was ich stattdessen geworden bin. Als Israel aus dem babylonischen Exil zurückkehrte, was die Konsequenz ihres Bundesbruchs mit Gott war, und zum ersten Mal seit Generationen die Gesetze Gottes hörten, waren sie erschüttert. Am Boden zerstört von der Erkenntnis ihres Ungehorsams und ihrer Untreue, weinten sie und trauerten in Sack und Asche. Die Gesetze, die so weit entfernt vom Stand der Dinge waren, müssen ihnen eine schier unerträgliche Last auferlegt haben. Aber Esra, der Priester, der dem Volk die Gesetze vorgelesen hatte, und Nehemia, der Statthalter, behielten einen göttliche Perspektive. Sie sagten ihnen, sie sollten sich stattdessen freuen und ein Festmahl halten.

Nehemia sagte zu ihnen: Nun geht, haltet ein festliches Mahl und trinkt süßen Wein! Schickt auch denen etwas, die selbst nichts haben; denn heute ist ein heiliger Tag zur Ehre unseres Herrn. Macht euch keine Sorgen; denn die Freude am HERRN ist eure Stärke. (Nehemia 8,10)

Die Freude am Herrn ist in all dem unsere Stärke. Sich zu freuen, dass Gott uns so sehr liebt, dass er uns wundervolle Richtlinien zu seinem Segen gegeben hat. Über Gottes Erbarmen zu staunen, anstatt von Scham und Verdammnis erdrückt zu sein. An der Wahrheit festzuhalten, dass Gott der liebende Geber aller guten Gaben ist, der uns täglich seinen Bund und Erlösung anbietet. Seine Güte und Gnade zu bestaunen, anstatt sich auf unsere Fehler und Unzulänglichkeiten zu konzentrieren.

Manchmal wenn wir von der Erkenntnis unserer Sünde am Boden zerstört sind, halten uns Scham und Verdammnis davon ab, zu Gott zu gehen. Sie scheinen angebracht, weil sie sich oft als ein zerbrochenes Herz und Demut tarnen. Unsere Sünde sollte uns das Herz brechen und wir sollten davon demütig werden. Alles andere wäre anmaßend und stolz. Also geißeln wir uns, anstatt Gottes Erbarmen zu suchen. Wir glauben, dass das so richtig ist. Wir hätten es besser wissen müssen, sagen wir. Wir müssen kriechen, um unsere Reue zu beweisen, denken wir. Vielleicht bezweifeln wir sogar, dass Gott uns dieses Mal vergeben wird. Lass mich dir sagen: Diese Scham ist eine sehr giftige Art von Stolz und Arroganz. Während Stolz sagt „Ich brauche Gott, seine Vergebung und Jesu Opfer nicht, um gerettet zu werden", sagt Scham „Gott, seine Vergebung und Jesu Opfer sind nicht genug, um mich zu retten". Die Lüge der Verdammnis zu glauben, ist wie dem Gekreuzigten ins Gesicht zu spucken und ihm zu sagen, dass er unnötig oder nicht genug ist. Scham nennt ihn einen Lügner.

Wir brauchen Jesu Opfer. Wir sind geschaffen, ihn zu brauchen. Es gibt keinen anderen Weg zum Vater. Sein Opfer ist genug, selbst für diese eine schreckliche, ekelhafte Sünde, mit der du kämpfst. Wenn wir denken, wir hätten es besser wissen müssen, bilden wir uns ein, wir könnten Gottes Geboten ohne die Hilfe des Heiligen Geistes folgen. Das können wir nicht. Wir brauchen die Überführung des Heiligen Geistes. Wir brauchen es, dass er uns in die Wahrheit führt. Wir können Gottes unendliches Erbarmen und seine ewige Gnade unmöglich mit unserem begrenzten Verstand erfassen. „Aber wenn Gott wüsste, was ich diesmal angerichtet habe, würde er sich ganz bestimmt von mir abwenden!" Denkst du das manchmal? Dann habe ich Neuigkeiten für dich. Unsere Sünde schockt Gott nicht. Unser Versagen überrascht ihn nicht. Unser Geständnis ist nichts Neues für ihn. Er weiß Bescheid. Er weiß sogar von all den anderen grässlichen

Sachen, die du noch nicht mal über dich erkannt hast. Und genau wie Nehemia es mit Israel getan hat, möchte der Heilige Geist auch uns einladen, mit der Trauer aufzuhören und uns stattdessen an Gottes Güte zu erfreuen. Zu ihm aufzuschauen, anstatt auf uns selbst herabzusehen. Bei seiner Erlösung geht es so viel mehr um ihn, als es je um mich gehen könnte. Der verlorene Sohn blieb nicht bei den Schweinen, von der Erkenntnis seiner Sünde erschüttert. Er rannte zum Vater, weil er von seiner Güte wusste und sich nach seiner Rettung sehnte. Während er nur auf Vergebung hoffte, sich aber nicht ganz sicher sein konnte, haben wir das große Vorrecht, Gottes Erbarmen und Gnade schon in Aktion gesehen zu haben. Wir haben schon von seiner Treue und seiner beständigen Hingabe an seinen Bund mit uns gehört. Wir haben das Versprechen seiner Erlösung in Jesus. Da bleibt für Scham und Verdamnis kein Platz.

Vielleicht bist du erschüttert von der Erkenntnis deiner eigenen Sünde. Vielleicht siehst du, wie sehr du dein Gewissen angepasst hast, um zu überleben. Vielleicht hast du noch nie Gottes Liebe und Gnade in seinen Geboten gesehen. Vielleicht erscheinen sie dir immer noch als harsche Begrenzungen deiner Selbstbestimmung. Womit auch immer du gerade zu kämpfen hast, lass mich dir das Eine sagen: Gott liebt dich unermesslich. Er möchte dir das Allerbeste geben. Er hat seine Gesetze als Richtlinien zu seinem Segen eingeführt. Er weiß, dass sie unerreichbar sind. Er weiß, dass du Erlösung brauchst. Er weiß, dass du Jesu Opfer brauchst. Er weiß, dass dein Gewissen Wiederherstellung braucht. Er weiß, dass du die Überführung des Heiligen Geistes brauchst und dass er dich in die Wahrheit führt. Er ist weder entsetzt noch abgestoßen von dir. Vor der Schöpfung der Welt war er schon entschlossen, dich zu lieben. Er wird jetzt nicht damit aufhören. Er steht mit offenen Armen. Schau auf zu ihm, nicht auf dich herab. Er steht mit offenen Armen.

Ebenso, sage ich euch, herrscht bei den Engeln Gottes Freude über einen einzigen Sünder, der umkehrt. (Lukas 15,10)

Wenn dein Herz dich gerade zieht, dich ihm zuzuwenden, sag ihm einfach: „Vater, ich habe noch nie deine Liebe in deinen Gesetzen gesehen. Ich habe sie zu lange schon für gnadenlose Beschränkungen gehalten. Ich möchte zu deinem Segen geführt werden. Erneuere mein Herz und Denken, stelle mein Gewissen wieder her. Ich bekenne, dass ich Notwendigkeit und Macht von Jesu Opfer angezweifelt habe. Ich habe auf mich herabgesehen, anstatt zu dir aufzuschauen. Bitte offenbare mir deine Liebe in deinen Gesetzen und die Macht in deinem Opfer. Bitte führe mich in die Wahrheit. Ich empfange das Geschenk deines Bundes und die Richtlinien zu deinem Segen. Ich möchte dich kennen, wie du wirklich bist. Zeige dich mir einmal mehr."

Es ist unendlich kostbar, zu lernen, zum Vater aufzuschauen, anstatt auf sich herab. Seine Liebe und Gnade in seinen Geboten zu sehen und ihn seine liebevollen Gesetze als Grundlage für unsere Beziehung zu ihm festlegen zu lassen. Es wird uns in ein Leben in seiner Gegenwart, seiner Dimension, seinem Königreich und seiner vollkommenen Freiheit führen. Und wird uns seine vollkommene Erfüllung bringen.

Wenn er uns ins verheißene Land geführt hätte

Das Vierte, was Gott seinem Volk schenkt, um einen Ort der Begegnung zu etablieren, ist ein eigenes Land, um dort in Frieden und Wohlstand zu leben. Ein Land, das Gott Abraham bei ihrer ersten Begegnung und mehrere Male danach versprochen hatte. Zu mehreren Anlässen beschreibt Gott das Leben, das Israel im verheißenen Land haben würde, einem Land, wo Milch und Honig fließt, einem Land der endlosen Versorgung. Einem Land, das sie nicht bestellt haben, mit Städten, die sie nicht gebaut haben. Wo sie von Weinbergen und Olivenhainen essen werden, die sie nicht gepflanzt haben (siehe Josua 24,13).

Er verspricht Regen zur rechten Zeit, mehr Ernte, als sie essen können, und Frieden im Land. Er verspricht, alle Gefahren zu entfernen, ihnen Erfolg im Kampf zu geben, sie fruchtbar sein und in eine aufstrebende Nation wachsen zu lassen (siehe 2. Mose 26,3-11).

Und am besten: Er wird dort unter ihnen wohnen. Er wird ihr Gott sein, der sie von ihren Unterdrückern befreit und dazu befähigt hat, erhobenen Hauptes zu gehen. (2. Mose 26,12-13)

Es war gut und sehr notwendig, dass Gott sich ihnen in der Wüste als ihr Versorger gezeigt hat, denn dieses verheißene Land hat eine interessante kleine Eigenart. Es braucht Gottes Eingreifen, damit all die Milch und der Honig fließen kann:

Das Land, in das ihr jetzt hinüberzieht, um es in Besitz zu nehmen, ist ein Land mit Bergen und Tälern und es trinkt das Wasser, das als Regen vom Himmel fällt. Es ist ein Land, um das der Herr, dein Gott, sich kümmert. Stets ruhen auf ihm die Augen des HERRN, deines Gottes, vom Anfang des Jahres bis zum Ende des Jahres. Und wenn ihr auf meine Gebote hört, auf die ich euch heute verpflichte, wenn ihr also den Herrn, euren Gott, liebt und ihm mit ganzem Herzen und mit ganzer Seele dient, dann gebe ich eurem Land seinen Regen zur rechten Zeit, den Regen im Herbst und den Regen im Frühjahr, und du kannst Korn, Most und Öl ernten; dann gebe ich deinem Vieh sein Gras auf dem Feld und du kannst essen und satt werden. (5. Mose 11,11-15)

Wieder dieses Verlangen nach Beziehung. Dieser Wunsch, maßgeblich am Leben seines Volkes beteiligt zu sein. Vielmehr als einen Ort beschreibt er ein Leben mit ihnen. Ein Leben, das komplett von ihm abhängig ist. Ein Leben, wo ihnen die Dinge leichtfallen werden, wo sie Erfolg ohne Erschöpfung sehen werden, Frucht ohne Anstrengung und Frieden ohne Gewalt. Wo sie wie Fische im Wasser sein werden, genau das, wozu sie geschaffen sind. Wo sie annährungsweise so sein werden wie es Adam und Eva in Eden waren. Alles deshalb möglich, weil sie in völliger Abhängigkeit zu Gott leben und somit in seiner vollkommenen Sicherheit, unerschöpflichen Versorgung und ewiger Erfüllung.

Im verheißenen Land, setzt Gott Israel als ein Musterbeispiel eines Lebens in seiner Gegenwart und Gnade. Damit die ganze Welt sehen kann, wie eine Beziehung mit dem Allmächtigen sein soll. Die ganzen 40 Jahre in der Wüste wanderten die Israeliten mit Gottes Versprechen an ihre Vorväter in ihrem Herzen. Mit seinem Versprechen, sie in das Land seiner Ruhe zu bringen. Das ist Israels Berufung. Darum hat Gott aus dem kinderlosen

Abraham ein Volk gemacht, so unzählbar wie die Sterne und der Sand am Meer. So werden seine Nachfahren ein Segen für alle Nationen der Erde. Als Musterbeispiel für die Welt, als der Ort, den Gott erwählt hat, dort zu wohnen und sich zu offenbaren

Das ist immer noch das, was Gott für mich hat: Eine Berufung, ein Leben in seiner Hand, wie ein Fisch im Wasser zu sein, so nah wie möglich an einem Leben in Eden dran. Davon hat Jesus in seinen Gleichnissen gesprochen: Sein Reich ist gekommen. Direkt an der Quelle aller guten Gaben und allen Lebens zu wohnen. In den Händen eines Gottes, der weder an Orte noch an die Gesetze der Natur gebunden ist, um meinen Nöten zu begegnen. Der mich liebt und mich mit überfließendem Segen überhäufen möchte. Sodass ich auch ein Musterbeispiel der Beziehung, für die wir gemacht sind, und ein Segen für die Welt werde, und mein Herz ein Ort, an dem sich Gott offenbart. Genau wie Israel vor mir führt Gott mich durch Wüste und Wildnis in mein verheißenes Land. Damit auch ich ihn schon vorher als die einzige Quelle der Sicherheit, Versorgung und Erfüllung begreife. Und mein verheißenes Land nicht als den Ort sehe, wo ich endlich die Schuld abbezahlen kann, die Gottes Gnade mir auferlegt hat.

Wir müssen vorher begreifen, dass das verheißene Land kein Opfer ist, was es darzubringen gilt, keine schwere Last, die es zu tragen gilt, keine Pflicht oder Verantwortung. Es ist ein Ort, um im Rhythmus des Herzens Gottes zu leben und sein Licht durch uns scheinen zu lassen.

Damit wir ein Leben in seiner Gegenwart und in Abhängigkeit zu ihm leben können, zieht er uns zuerst zu sich. Er nimmt sich Zeit, unsere Sklaven-Mentalität auszulöschen und das Wissen über unseren wahren Wert in ihm in uns zu pflanzen. Es stört ihn nicht, Extrarunden zu drehen, um sicher zu gehen, dass wir ihn wahrhaftig kennen, ehe er uns in unserer verheißenes Land führt. Das ist der Segen von Moses Fürbitte für Israel:

„Wenn dein Angesicht nicht mitginge, dann führe uns nicht von hier hinauf! Woran soll man erkennen, dass ich Gnade in deinen Augen gefunden habe, ich und dein Volk? Doch wohl daran, dass du mit uns ziehst. Und dann werden wir, ich und dein Volk, vor allen Völkern auf der Erde ausgezeichnet werden." Der Herr erwiderte Mose: „Auch das, was du jetzt verlangt hast, will ich tun; denn du hast Gnade in meinen Augen gefunden und ich kenne dich mit Namen." (2. Mose 33,15-17)

Uns sich zu zeigen, dass wir ihn wahrhaft kennen, ist und wird immer Gottes oberste Priorität sein. Indem er uns zu sich zieht, bereitet er uns auf unser Leben in unserem verheißenen Land vor. Er lehrt uns, nur bei ihm Sicherheit, Versorgung und Erfüllung zu suchen, und baut die tiefe, bedeutungsvolle Beziehung, für die wir gemacht sind. Dann, und nur dann, wird er uns in unsere Berufung führen, in unser verheißenes Land.

Nach 40 Jahren in der Wüste, nachdem sie Gottes Rettung, seinen Schutz, seine Versorgung und seinen Segen gesehen haben, ist Israel endlich so weit, ihm nach Kanaan zu folgen. Mittlerweile ist die alte Generation gestorben, der Glaube des Volkes beruht auf all den Wundern, die sie

Gott in der Wildnis haben tun sehen. Sie wissen: Wenn er entschlossen ist, ihnen das verheißene Land zu geben, wird ihn davon niemand abhalten können. Weder Stadtmauern noch riesige Soldaten können dem Herrn der Heerscharen entgegentreten, wenn er für sein Volk kämpft. Schritt für Schritt führt er sie, Stück für Stück nehmen sie das Land ein. Gott treibt ihre Feinde vor ihnen aus dem Land, genau wie er es versprochen hat.

„Ich sende meinen Schrecken vor dir her, ich verwirre jedes Volk, zu dem du kommst, und alle deine Feinde lasse ich vor dir die Flucht ergreifen. Ich lasse vor dir Panik ausbrechen; sie wird die Hiwiter, Kanaaniter und Hetiter vor dir hertreiben. Ich vertreibe sie aber nicht gleich im ersten Jahr; sonst verödet das Land und die wilden Tiere könnten zu deinem Schaden überhandnehmen. Nur allmählich will ich sie vor dir zurückdrängen, bis du so zahlreich geworden bist, dass du das Land in Besitz nehmen kannst." (2. Mose 23,27-30)

Er reißt Festungen wie Jericho ein, lässt Israel die Altäre der örtlichen Götzen niederreißen und ihn als herrschenden Gott ausrufen. Wo immer sie Land einnehmen, merkt Israel: Gott überreicht ihnen das Land einfach. Nur einmal erlebt Israel eine Niederlage in dem ganzen Prozess der Landeinnahme: Weil einer der Soldaten von der Beute stiehlt, die Gott zu zerstören geboten hatte. Israel reagiert ruchlos auf diese Sünde und findet sich in Gottes Gnade wieder. Weil sie wissen, dass er der Geber aller guten Gaben ist, wenden sie sich für Instruktionen und Kampfstrategien ganz selbstverständlich an ihn. Weil sie wissen, dass er für sie kämpft, nehmen sie zuversichtlich Länder, Städte,

Weinberge und Olivenhaine ein. Weil sie wissen, dass er der wahre Gott ist, reißen sie furchtlos die Altäre der örtlichen Götzen ein und erklären den Gott Abrahams, Isaaks und Israels als den obersten Herrn. Weil sie ihn kennen, vertrauen sie seinem Versprechen, ihnen dieses Land als Land seiner Ruhe zu geben, als ein Leben in seiner Hand.

Gott arbeitet heute immer noch genauso. Er rettet uns nicht, um uns dann nur in der Wüste herumzuführen. Er möchte uns in unser verheißenes Land bringen, wo wir im Rhythmus seines Herzschlages leben, wie ein Fisch im Wasser. Nachdem er uns zu sich gezogen hat, möchte er uns zu einem Musterbeispiel für ein Leben in seiner Hand machen. Sodass wir ein Segen für die Welt werden, indem wir sein Licht durch uns scheinen lassen. Er führt uns immer noch Schritt für Schritt, reißt vor uns und in uns Festungen ein, vertreibt den Feind und gibt das Land in unsere Hand.

Katharina empfing Gottes Berufung in den ersten sechs Monaten nach ihrer Bekehrung. Die Vision, die er ihr gab, umfasste die Schätze der Unterdrückung, mit der sie immer noch kämpfte, ihre Familie, ihre Firma und ihre gesamte Branche. Während sie auf ihre Berufung schaute und dem Heiligen Geist Schritt für Schritt darauf zu folgte, stellte sie fest, dass er sie zuerst dahin führte, von Gott Wiederherstellung und Bejahung zu empfangen. Er begann, alte Wunden zu heilen, sie von alten Fesseln zu befreien und die Lügen, die sie über sich selbst geglaubt hatte, mit seiner Wahrheit zu ersetzen. Nachdem der Heilige Geist ihr Leben aufgeräumt hatte, suchte sie natürlich seine Führung hin zu ihrer Berufung.

Etwa zu dieser Zeit begann ich für sie zu arbeiten. Gott hatte mir aufgetragen den Job anzutreten, nachdem ich mich entschieden hatte, ganz in Gottes Hand zu leben, seinem Plan zu folgen, zu tun, was er mir sagte und zu wohnen, wo er mich hinsandte. Ich hatte nicht die geringste Ahnung, was Gott von mir in Katharinas Firma wollte. Im Rückblick war das gut so, denn ich hätte nichts davon gekonnt. Ich wusste nur, dass ich für eine gewisse Zeit da sein und Katharinas Vision, nicht meiner, dienen sollte. Sie und ich wurden Gebetspartner, suchten die Führung des Heiligen Geistes Schritt für Schritt, um ihr verheißenes Land einzunehmen. Es dauerte länger, als wir gedacht hatten. Aber im Rückblick ist es offensichtlich, warum Gott so arbeitete.

Ebenso wie er Katharina geheilt und geläutert hatte, fing er nun bei ihrer Firma an. Wir erlebten, wie er Festungen einriss, sowohl in uns als auch vor uns. Er ließ uns falsche Götzen niederreißen, sowohl in uns als auch vor uns. Bestimmte Angestellte kündigten, nachdem wir gebetet hatten, dass Gott Menschen nach seinem Herzen in Schlüsselpositionen stellen möge. Eine Abteilung nach der anderen legten wir im Gebet in Gottes Hand und konnten sehen, wie leicht er sie befreite, die Atmosphäre veränderte und somit die Produktivität. Diese Gebetssessions waren zwar einzigartig vom Heiligen Geist geführt, zeigten aber immer gewisse Gemeinsamkeiten. Wir gingen meistens beten, wenn die ganze Abteilung mit der Tagesarbeit fertig war, manchmal erst abends um elf. Der Heilige Geist zeigte uns die örtlichen geistlichen Mächte und die Wurzeln ihres Anspruchs auf das Haus. Wir baten Gott um Vergebung für die Sünden, die den unreinen Geistern die Tür geöffnet hatten. Er gab uns dann Macht, sie zu vertreiben und dann versiegelten wir die Räume mit Salböl. Und dann stellte

Gott die jeweilige Abteilung auf den Kopf und nahm so das ganze Haus ein.

Währenddessen ließ Gott Katharina ein neues Produkt entwickeln, das die Schätze ihrer Vergangenheit nutzen würde, um Menschen von ähnlichen Kämpfen zu befreien. Während den Phasen der Entwicklung arbeitete Gott weiter in uns beiden. Wir beide lernten Gott tiefer kennen, sahen und erfassten ihn als unseren Versorger und die Quelle unserer Erfüllung und erlebten seinen Trost, seine Heilung und Befreiung. Während er uns schon in unser jeweiliges verheißenes Land führte, zog er uns näher zu sich und bereitete uns weiter vor. Während ich Katharinas Vision diente, machte er mich für meine bereit. Und nur Wochen bevor es für Katharina Zeit war, ihr verheißenes Land zu betreten, schickte mich Gott fort in meines.

Aber das Erstaunlichste in dem ganzen Prozess war, dass Gott unsere Gebete nicht nur auf unserer Ebene beantwortete. Während wir uns hauptsächlich darauf konzentrierten, Katharinas kleine Firma zu reinigen, sah er das große Ganze. Er verwandelte nicht nur ein Haus, wir sahen eine Verschiebung in der ganzen Branche. Konkurrenzunternehmen schauten plötzlich bei Katharina nach Wegen in die Zukunft. Sie gestalteten ihre eigenen Firmen um, ohne recht zu wissen warum. Der Segen, den Gott in Katharina und ihre Familie goss, floss von ihr in die ganze Branche. Das heißt es, im verheißenen Land zu leben.

2007, während meiner lebensverändernden Reise nach Israel, führte uns unsere Reiseführerin Hanna durch Jerusalem ans Zionstor. Sie zeigte auf die Einschusslöcher, die das Tor umgaben, Überreste von Israels Kampf um die

Altstadt, und sagte: „Ich möchte, dass ihr euch diese Schusslöcher anseht. So sieht es aus, wenn eine Nation um ihr Erbe und ihre Bestimmung kämpft." Ich überlegte, ob ich auch Zionstore hätte. Ob ich jemals darum gekämpft hatte, das zu bekommen, was Gott mir versprochen hat. Mir fiel nichts ein. Aber in mir erwachte der Wunsch, an Gottes Versprechen festzuhalten. Ihn und mich wieder und wieder daran zu erinnern, was er mir ins Herz gesprochen hat. Bereit zu sein, um das zu kämpfen, was er für mich hat. Es kann uns etwas kosten, das verheißene Land zu erreichen und einzunehmen. Es kann eine lange Zeit des Festhaltens dauern, in der du dich und Gott an die Dinge, die er gesagt und versprochen hat, erinnern und für Durchbrüche beten musst. Aber es ist die Sache wert, es ist dein Erbe und deine Bestimmung.

Vielleicht kennst du deine Vision noch nicht. Vielleicht wanderst du schon so lange in der Wüste herum, dass du sie aus den Augen verloren hast. Vielleicht ringst du damit, ob dieses verheißene Land überhaupt real ist. Vielleicht hast du dich noch nie wie ein Fisch im Wasser gefühlt. Dann wende dich an den, der dir ein Leben in seiner Hand, seiner Fülle und seiner Gnade versprochen hat. Frage ihn, was er für dich hat. Lass ihn deine alten Träume wiederherstellen und dir neue geben. Lass ihn dir zeigen, wie ein Leben in seiner Hand aussehen kann. Lass ihn dich zu sich ziehen und dir seine Liebe und Gnade zeigen. Sodass er dich zu einem Musterbeispiel der Beziehung, für die der Mensch geschaffen ist, machen und sein Licht durch dich scheinen kann.

„Himmlischer Vater, ich möchte in deiner Hand leben. Ich möchte dein sein, im Rhythmus deines Herzschlags leben, wie ein Fisch im Wasser. Bitte sei die Quelle meiner

Sicherheit, Versorgung und Erfüllung und mache mich zum Musterbeispiel der Beziehung, für die der Mensch geschaffen ist. Lass deine Liebe durch mich leuchten. Während ich noch in der Wüste bin, verändere meine Sklaven-Mentalität, zieh mich näher zu dir und ersetze meine Lügen gegen deine Wahrheit: Du bist die Quelle vollkommener Sicherheit, unerschöpflicher Versorgung und ewiger Erfüllung. Meinen Wert finde ich nur in dir. Mein Herz hängt an dir allein."

Dein verheißenes Land wartet auf dich. Du bist geschaffen, um dort zu leben, für ein Leben in Gottes Hand. Erfasse ihn als den Geber von Wert, Sicherheit, Versorgung und Erfüllung, und lass ihn dich in das Land seiner Ruhe führen.

Wenn er den Tempel für uns gebaut hätte

Das Fünfte, was Gott einführt, um einen Ort der Begegnung zu schaffen, ist eine Wohnung unter seinem Volk. Er gebietet Mose, die Stiftshütte zu bauen, das Zelt der Begegnung. Zum Vergleich zeigt er ihm das himmlische Zelt der Begegnung in einer Vision und lässt Israel das gleiche nach genauen Vorgaben nachbauen. Es ist der Ort für Opfergaben und für Rechtsprechung. Der Ort Gottes Gegenwart zu erleben, um Vergebung zu bitten, Erbarmen und Wiederherstellung zu empfangen und Führung zu bekommen. Während andere Gottheiten Tempel hatten, um Opfer der Besänftigung darzubringen, ist die Stiftshütte ein Ort der Begegnung. Wieder hebt das Israel unter allen Völkern der Erde hervor: Sie sind Gottes Volk, er wohnt mitten unter ihnen.

In Israels 40 Wüstenjahren ist die Stiftshütte immer im Mittelpunkt des Lagers aufgebaut, während das Volk sich darum herum und auf sie ausgerichtet ansiedelt. Gottes beständige Gegenwart bildet den Mittelpunkt ihres Lebens. Das Zelt ist immer das Erste, was eingepackt wird, wann immer Israel zu einem neuen Standpunkt auf ihrer Reise weiterziehen. Das Erste, was transportiert wird und das erste, was im neuen Lager aufgebaut wird. Hinter den Karren, die die Bestandteile des Zeltes transportieren, folgen die Priester mit der Bundeslade und erst dann der Rest des Volkes mit all ihrem Hab und Gut. Egal wo sie als nächstes Halt machen, das Erste, was dort ankommt, ist Gottes Wohnung. Seine Wolkensäule führt sie und wo sie anhält, wird das Zelt aufgebaut. Wo immer also das Volk hinkommt, das Zelt der Begegnung und Gemeinschaft ist bereits aufgebaut und sie lagern sich darum herum.

Wie fantastisch ist es, dass der heilige Gott, der Allmächtige, der wahre Herrscher mitten unter seinem Volk leben möchte? Er ist so anderes als alle anderen Götter. Er ist der Ich Bin, der Ewige, er existiert, ist lebendig, ist erfahrbar und sehnt sich nach Beziehung. So sehr, dass er bereit ist, sich örtlich festzulegen und sich somit immer verfügbar zu machen. Zum ersten Mal seit dem Fall des Menschen erlaubt Gott Menschen ihm so nahe zu kommen, so nah in seiner Gegenwart zu leben. Nicht weil sie es verdienen, sondern weil es ihm danach verlangt, sie bei sich zu haben.

Die Stiftshütte, das Abbild des himmlischen Zeltes der Begegnung, ist von einem Hofplatz umgeben, auf dem vor dem Zelt der Brandopferaltar und das Becken zur Reinigung stehen. Das Zelt selbst ist von einem schweren Vorhang in zwei Bereiche unterteilt. Die vorderen zwei Drittel bilden das Heiligtum, wo der Schaubrotetisch, der goldene Leuchter und der Rauchopferaltar stehen. Das hinterste Drittel ist abgeteilt als Allerheiligstes, wo die Bundeslade steht. Der Hofplatz dient also zur Sühne und Reinigung und zieht Gottes Vergebung und Gnade an. Das Heiligtum dient Lobpreis und Danksagung und zieht Gottes Versorgung und Hilfe an. Das Allerheiligste dient der Begegnung mit Gott am Herzen seines Bundes, wo wir seine Erfüllung empfangen.

Dieser Aufbau spiegelt nochmals Gottes Weg und Prozess mit uns wider. Wenn er uns zu sich zieht, erleben wir zuerst seine Erlösung und Läuterung durch Jesu Opfer und die Kraft seines Blutes. Dann offenbart er sich selbst, seine Liebe und Gnade zu uns und wir erleben seine unerschöpfliche Versorgung. Alles, damit er am Herzen seines Bundes mit uns Gemeinschaft haben kann und wir seine ewige Erfüllung erleben können. Weil Jesus kam, um Gottes Bund zu erfüllen, indem er das ewige Passahlamm, unser ewiger Priester und der ewige Tempel, um dem Himmlischen Vater zu begegnen, können wir nun täglich Gottes beständige Gegenwart in unserem Leben erfahren. Wann immer ich Gott zum Mittelpunkt jeder Entscheidung und jeden Prozesses mache und ihn als Versorger aller guten Gaben suche, werde ich seine Nähe und seinen Segen in meinem Leben anziehen.

Der Heilige Gott, der Allmächtige, der wahre Herrscher will immer noch mitten unter uns wohnen! Er ist immer noch der Ich Bin, der Ewige. Er ist immer noch lebendig und erfahrbar, und er sehnt sich noch immer nach Beziehung. So sehr, dass er seinen eingeborenen Sohn gab, um uns Erlösung durch Jesu Opfer, Versorgung mit allen guten Gaben durch Jesus als unser Vermittler vor dem Herrn und Erfüllung durch Jesus als unseren ewigen Tempel und Weg zum Vater bieten zu können. Nicht weil wir es verdienen, sondern weil es ihm danach verlangt, uns bei sich zu haben. Weder unsere gefallene Natur noch unsere Gebrochenheit oder unser Ungehorsam halten ihn davon ab, sich nach uns auszustrecken und einen Weg zu bereiten, dass wir an den Ort zurückkommen können, wo wir hingehören: Zurück in seine Arme, zurück in seine Gegenwart, zurück in sein Herz. Er macht sich uns verfügbar, hält nichts zurück und bringt uns wahre Erfüllung durch ein Leben in seinen Händen.

Alles, was ich tun muss, um seine Gegenwart und seinen Segen in meinem Leben zu sehen, ist, ihn im Mittelpunkt wohnen zu lassen und mich mit jeder Entscheidung und jedem Prozess an ihn zu wenden. Loszulassen und mein Leben in seine Hände zu geben. Mein Herz, meine Ängste, meine Hoffnungen, meine Anrechte und meine Tränen auf den Altar Gottes zu legen und mich selbst als lebendiges Opfer darzubringen, um sein heiliges Feuer anzuziehen. Wann immer ich das tue, werde ich bald seine Hand in meinem Leben sehen. Er zeigt mir Wege, die ich nicht gesehen habe. Gibt mir die Antworten, die ich brauche. Tröstet mich und tauscht meine Angst gegen seine Liebe. Heilt mich und gibt mir Kraft und Führung für den nächsten Schritt. Was ich gehofft hatte und was ich dachte, dass ich verdienen würde, tauscht er gegen das, was ich wirklich brauche und was mich näher zu ihm ziehen wird. Je mehr meines Lebens ich aufgebe, desto mehr von seinem erlange ich. Und desto mehr ergibt alles Sinn.

In einer Folge der Fernsehserie *Friends* begegnet ein Charakter einer Person, die keinen Fernseher besitzt, und reagiert mit: „Worauf sind dann deine ganzen Möbel ausgerichtet?" Dieses Satz fällt mir immer ein, wenn ich mit jemandem rede, der mein Leben in Gottes Hand nicht so recht versteht. Denn das befremdet mich immer etwas, weil ich es mir gar nicht mehr anders vorstellen kann. Mein Leben ergibt so viel mehr Sinn, wenn es auf Gott im Mittelpunkt ausgerichtet ist. Je mehr ich von mir auf den Altar lege, desto leichter wird es. Ich habe ihn jetzt schon so oft zu meinem Besten wirken sehen, dass ich es nicht mehr leugnen kann. Wann immer ich alte Gewohnheiten, alte Sicherheiten und alte Quellen der Versorgung loslasse und mich stattdessen an Gott wende, pflückt er mich treu von der Felsklippe ab, an die ich mich geklammert hatte, und pflanzt mich an frische Wasser. Damit ich meine Wurzeln zum Bachlauf hinstrecken, mich aufrichten und in ihm wachsen kann.

Gott führte mich durch meine Wüste, indem ich meine engsten Freunde verlor. Als ich endlich aufgab und ihn in den Mittelpunkt des Prozesses stellte, veränderte sich alles. Mein Herz, meinen Schmerz, meinen Gerechtigkeitssinn, mein Verlangen nach Vergeltung und meine Hoffnung auf Rechtfertigung auf seinem Altar zu opfern, zog sein heiliges Feuer und seinen Segen an. Seinen Trost für meine Tränen, seine Heilung für meine Wunden, seinen Schutz für mein Herz. Das ist der Segen des Altars, auf dem ich mein Herz opferte. Obendrein gab mit Gott Autorität, anderen zu helfen, ihre Felsklippen loszulassen und Gott zu vertrauen, dass er sie auch an frische Wasser pflanzen wird.

Im Alten Testament sieht man, dass es üblich war, Gott einen Altar zu bauen, wenn jemand eine Begegnung mit ihm gehabt hatte. Es war auch sehr üblich, dass Gottes Gegenwart an diesen Orten des Opferns spürbar blieb. Nachdem der Herr Abraham zum ersten Mal das verheißene Land und den Segen gezeigt hatte, den er ihm und seinen Nachkommen geben wollte, baute Abraham einen Altar, opferte und betete an. Der Segen dort hielt mindestens zwei Generationen lang an, denn ganz in der Nähe begegnete Jakob Gott auch, in einer Vision von einer Himmelsleiter.

Als David gerade zum König von Israel gekrönt worden war, wollte er die Bundeslade von Schilo nach Jerusalem holen. Dabei hielt er sich leider nicht an Gottes Transportvorgaben und musste mitansehen, wie jemand umkam, weil er die Lade berührt hatte. Aber die Familie, auf deren Land die Bundeslade dann gelassen wurde, erlebte erheblichen Segen der Fruchtbarkeit. So sehr, dass David wagte, es nochmal zu versuchen, und die

Bundeslade schließlich erfolgreich in seine Stadt brachte. Bis heute sind die Steine in Schilo mit Gottes Gegenwart gesegnet. Jedenfalls fühlt es sich für mich so an, wann immer ich da bin. Gottes Gegenwart verändert. Und sie nimmt zu, wann immer jemand auf die eine oder andere Art ein Opfer des Glaubens darbringt.

Ich habe einen riesigen Ohrensessel in meinem Wohnzimmer stehen. Es ist mein zweitliebster Ort, um mit Gott zu reden, nach der freien Natur. Wenn es draußen kalt oder schlechtes Wetter ist, kuschle ich mich in meinem Sessel ein, fühle mich wie ein kleines Mädchen auf Papas Schoß und schaue zu Gott. Weil ich dieses Ritual habe, ihn in meinem Sessel zu suchen, ist das auch der Ort, an dem ich ihn leicht finde. Weil ich in diesem Sessel meinen Tag, mein Herz, mein Alles ihm hingebe, ziehe ich dort auch seine Gegenwart an. Und weil ich ihn in meinem Sessel bitte, zu mir zu sprechen, höre ich dort sehr leicht seine Stimme. Manchmal, wenn ich Besuch habe und wir uns darüber unterhalten, was Gott so in unserem Leben sagt und tut, ertappe ich mich dabei, dass ich auf meinen Sessel zeige, wenn ich unterstreichen möchte, was immer ich gerade erzähle. Einfach, weil in meinem Kopf meine Offenbarungen von Gottes Güte irgendwie mit dem Ort verknüpft sind, an dem ich sie empfangen habe. Das ist der Segen des Altars, den ich in meinem Sessel gebaut habe, indem ich mich dort Gott hingebe.

Außer der Altäre, die ich baue, pflege und im Dienst Gottes erhalte, indem ich ihm mein Herz, meine Mühen, meine Zeit und meine Kraft hingebe, wird mein Leben auch von Altären gesegnet, die andere um mich bauen und pflegen. Seit ich denken kann, verabschiedet unsre Mutter uns mit den Worten: „Gott mit dir" und legt uns damit bewusst in Gottes Hand. Das hat mir und meinen Geschwistern die Gewissheit gegeben: Wir müssen keine Angst haben, egal wo wir sind, weil der Allmächtige mit uns ist, uns beschützt und führt. Was in aller Welt kann uns da Angst machen?

Meine Freundin Lydia pflegt einen ganz besonderen Altar in ihrem Lebe, weil sie auf den Heiligen Geist harrt. Es ist ganz normal für sie, manchmal stundenlang damit zuzubringen, ihn einzuladen, seine Gegenwart zu suchen und dann einzutauchen und offen zu sein für das, was er sagen oder tun möchte. Wann immer er ihr etwas offenbart, bittet sie ihn um mehr Details, lauscht den Geschichten, die er in ihrem Herz entfaltet, und taucht tiefer in Gottes Liebe ein. Ihn mit ihr zusammen im Gebet zu suchen ist erstaunlich leicht und geht immer unglaublich tief, weil der Altar ihres Lebens eine direkte offene Verbindung in Gottes Gegenwart hinein ist. Sein Segen macht es ganz einfach, Gott auf tiefer Ebene zu begegnen.

Erinnerst du dich noch an Katharina aus dem letzten Kapitel? Ihre Geschichte mit Gott begann nicht erst mit ihrer Bekehrung. Sie begann schon ein paar Jahre zuvor. Sie und ihre Familie hatten entschieden, ihre Firma zu erweitern, und die Bauarbeiten am Ausbau hatten schon begonnen. Weil Bauen eine dreckige und zeitraubende Angelegenheit ist, gingen bald die Einnahmen zurück und die Banken begannen, Druck zu machen. Also beschloss Katharina eines Abends als letzten Ausweg die Firma im Gebet in Gottes Hand zu legen. Obwohl sie ihn nicht kannte, nicht wusste, ob er existierte oder wie man überhaupt betete, nahm sie ihre Kinder und den Geschäftsführer der Firma, stellte sich mit ihnen mitten in der Baustelle im Kreis auf und betete: „Lieber Gott, wir sind mit unserer Weisheit am Ende. Bitte, baue du diese Firma, die neue Abteilung und dieses neue Haus." Ohne wirklich zu wissen, was sie da sagte, gab sie ihre Firma in Gottes Hand, der ihr Opfer annahm, sein heiliges Feuer darauf niedergehen ließ und genau das tat, worum Katharina gebeten hatte: Er baute die Firma nach seinem Herzen auf. Heute wohnen dort unbestreitbar seine Gegenwart und sein Segen. Dort zu arbeiten hat mich gesegnet, wie ich es nie für möglich gehalten hätte.

Der Dienst und die Gemeinschaft, in der ich lebe und arbeite, pflegen einen Altar, der vor über 50 Jahren gebaut wurde. Die Gründer hatten den Herrn auf neue Weise erlebt und wünschten sich Einheit im Leib Christi. Sie sahen die Unterschiede zwischen den Konfessionen als Bereicherung und wollten einen Ort errichten, an dem jeder Gott uneingeschränkt erleben konnten. Also lebten sie zusammen, brachten alle ihre Gaben, Talente und besonders ihre einzigartige Art, Beziehung zu Gott zu leben, ein und webten so eine Tapisserie des Glaubens. Das brachte ihnen Gottes heiliges Feuer, seine Gegenwart und seinen Segen. Es bildet bis heute das Fundament für einen Ort, wo Gott uneingeschränkt wirken kann und Menschen aller Konfessionen ihm begegnen können.

Vielleicht hast du Gott noch nie zum Zentrum deines Lebens gemacht. Vielleicht missfällt dir die Vorstellung, ihm etwas zu opfern, immer noch. Vielleicht hast du noch nie gewagt, dich selbst in seine Hand zu geben. Vielleicht kannst du dir nicht vorstellen, die Felsklippe loszulassen, an die du dich klammerst. Vielleicht hast du Angst vor dem, was passieren könnte, wenn du es tätest. Vielleicht fühlt sich loslassen zu sehr nach einem Opfer an, das den Preis nicht wert ist. Vielleicht hast du Angst vor dem, was

Gott von dir wollen könnte oder wozu er dich zwingen würde, wenn er dich erst in die Finger bekommt. Oder vielleicht siehst du, genau wie ich, dass Gott dich schon mehrmals gebeten hat, loszulassen und ihm dein Herz zu geben, aber du hast es noch nie ganz durchgezogen.

Dann lass mich dir folgendes sagen: Gott möchte dich als *sein* haben und im Mittelpunkt deines Lebens wohnen. Er nichts zurückgehalten, um dir einen Weg zu bereiten, ihm zu begegnen und ihn zu kennen. Er ist dein vollkommener Retter, dein unerschöpflicher Versorger und deine ewige Erfüllung. Wenn sein Feuer auf dem Altar fällt und alles Fett verbrennt, verwandelt es das Opfer in die beste Version, in das gesündeste Fleisch. Was du ihm opferst, reißt er dir nicht weg, er verwandelt es zur besten Version. Er wird keine Entsagung von dir verlangen, dich nicht zu einem demütigen Sklaven degradieren, dich nicht unterdrücken und dir an nichts mangeln lassen. Glaube nicht der Lüge, dass er dir zu viel abverlangt. Glaube nicht der Lüge, dass er nur will, dass du ihm dienst. Glaube nicht der Lüge, dass er dir Gutes vorenthalten will. Wisse, dass nichts, was er dir abnehmen will, es zu behalten wert wäre. Wisse, dass er dich, wenn er dich von der Felsklippe abpflückt, an frische Wasser pflanzen wird und du zu etwas heranwachsen wirst, als das du dich nicht mal in deinen Träumen gesehen hättest. Wisse, dass er alles, was du ihm gibst, zu etwas größerem, leichterem, tieferem macht. Es wird sein heiliges Feuer, seinen Segen und seine Gegenwart anziehen. Prüfe ihn, wenn du mir nicht glauben kannst. Bitte ihn, nur die eine kleine Sache zu nehmen, die du gerade so schaffst, loszulassen, und bitte ihn, sie zu verwandeln. Dann wird es nächstes Mal leichter sein, ihm zu vertrauen und loszulassen. Du musst ihn nur bitten.

„Himmlischer Vater, ich möchte dich kennen, wie du wirklich bist. Ich möchte sehen, wie deine Gegenwart mein Leben verändert. Ein Teil von mir weiß immer noch nicht recht, ob dir zu vertrauen eine so gute Idee ist. Aber ich habe von deiner Güte und deiner Liebe gehört und möchte deine Hand in meinem Leben sehen. Also lasse ich heute los, heute lade ich dich ein, mein Opfer anzunehmen und es in das zu verwandeln, was du für mich hast. Heute möchte ich den ersten kleinen Altar bauen, um deine Gegenwart und deinen Segen anzuziehen. Heiliger Geist, bitte lehre mich, Gott zum Mittelpunkt meines Lebens zu machen, und öffne mir die Augen für seine Güte."

Loszulassen und Gott verwandeln zu lassen, was immer ich ihm gebe, ist mir eine Freude. Gottes Güte in Aktion zu erleben, wenn er mich an frische Wasser pflanzt und mich stark aufwachsen lässt, ist eine unermessliche Gnade. Unverdient und ganz bestimmt nicht erarbeitet mag diese Gnade sein. Aber, oh, wie wunderschön ist dieses Leben in seiner Gegenwart und unter seinem Segen.

Gottes vollkommene Erfüllung

Die letzten fünf Verse des Dajenus, die „fünf Verse der Nähe zu Gott" zeigen bestens, was Gott tut, um uns einen Ort seiner erfüllenden Gegenwart und ein Leben in seiner Hand zu bereiten. Die fünf Dinge, die er in seinem Volk einführt, schaffen seine himmlische Dimension in einer gefallenen Welt. Damit wir sehen und lernen können, wie das Leben und die Beziehung, für die der Mensch geschaffen ist, aussehen soll. Sie zeigen uns den Ort, an den wir Wahrhaftig gehören, an dem wir wahrhaftige Erfüllung finden, wo wir wahrhaftig zu Hause sind und für den wir gemacht sind.

Wöchentlich ein Tag, der dem Ausruhen, der Wiederherstellung und der Beziehung gewidmet ist. Hingegebenheit und ein ewiger Bund unbezahlbarer Liebe, ohne zu zucken und ohne nachzugeben. Richtlinien zu seinem Segen und einem Leben in Frieden, Gerechtigkeit, Gesundheit und Wohlstand. Ein Leben im verheißenen Land, wo Dinge leichtfallen, ohne Abmühen, wie ein Fisch im Wasser. Ein Wohnort für Gott im Mittelpunkt des Lebens, ein Ort tiefer Begegnung und verändernder Gegenwart.

Diese Verse offenbaren Gottes Herz für Beziehung wie nichts sonst in der Bibel. Er hat uns für sich geschaffen, um uns zu lieben und die Schöpfung mit uns zusammen zu lieben. Er möchte uns nahe sein und er weiß: Wir brauchen seine Nähe. Das hat ihn den Baum der Erkenntnis in Eden pflanzen lassen. Das hat ihn Israel aus einer unfruchtbaren Familie als Musterbeispiel für die Welt erschaffen lassen. Hat ihn einen Ort schaffen lassen, an dem er sich offenbart, und hat ihn in seinem Sohn einen ewigen Weg zu ihm zurück bereiten lassen. Er ist Liebe. Er konnte nicht an sich halten, all das zu tun. Weil er nicht anders kann, als uns zu lieben. Es ist, wer er ist, wer er war und wer er ewig sein wird. Er hat uns aus seiner Liebe erschaffen, weil er uns liebt. All die Schritte, uns zu befreien, all die Wunder, uns zu versorgen, hat er getan, um uns zurück zu sich zu ziehen. Weil es ihm nach uns verlangt, fragt er immer noch: Wollt ihr mir gehören?

Mit Gott eine Beziehung zu bauen bedeutet nicht, ihm etwas Platz in unserem Leben einzuräumen. Es bedeutet nicht, ihn nur ab und zu mit einzubeziehen und zu hoffen, dass er irgendwie das Leben segnen möge, das wir uns ausgesucht haben. Es bedeutet, ein neues Leben zu beginnen, indem wir in seine Dimension treten, wo seine Regeln anstatt die der Welt gelten. Wo er vergibt und einen reumütigen Sünder liebt. Wo Vergebung Freiheit und das Loslassen von Rache Heilung bringt. Wo zwei Fische und fünf Brote 5000 satt machen. Wo den Zehnten geben finanziellen Überfluss bringt. Wo anderen zu dienen Respekt und Autorität bringt. Wo Gott die segnet, die ihm vertrauen. Wo er denen, die ihn lieben, alle Dinge zum besten Dienen lässt. Wo er die Quelle von vollkommener Rettung, unerschöpflicher Versorgung und ewiger Erfüllung ist.

Der Himmlische Vater hat alles getan, was es braucht, um uns zu ihm zurückzubringen. Alles, was wir tun müssen, ist uns selbst zu fragen, was wir darauf antworten wollen. Wo sind wir in diesem Prozess? Welcher Teil unserer Beziehung zu Gott ist schon gebaut und wo sollten wir unser Herz und Leben geben, um ihm näher zu kommen? Lass den Heiligen Geist dich in eine tiefere Begegnung mit Gott ziehen. Lass ihn dir zeigen, welchen Bereich deines

Lebens er in seiner Gegenwart verändern möchte. Lass ihn dein Opfer annehmen und sein heiliges Feuer und seinen Segen darauf niedergehen. Der nächste Schritt auf unserem Weg zu seinem Herzen ist so nah wie noch nie und der beste, den wir je gemacht haben.

In einem Aspekt sind die letzten fünf Verse des Dajenus anders als die zehn davor. Zusätzlich dazu, dass sie eine Offenbarung von Gottes Liebe und seines Herzens für Nähe sind, dienen sie obendrein auch als Richtlinie für eine gesunde Beziehung. Die fünf Dinge, die Gott als Grundlage für eine tiefere Beziehung zu ihm einführt, funktionieren auch perfekt als solides Fundament für eine tiefe Freundschaft oder erfüllende Ehe. Wir brauchen in Beziehungen Zeiten, die gänzlich dem anderen gewidmet sind. Wir brauchen Hingegebenheit; den Entschluss, zusammenzuhalten. Wir brauchen Verhaltensregeln als Richtlinien zu Segen, die uns ins Herz geschrieben sind. Wir brauchen ein Leben miteinander, wo wir einander ergänzen und dem anderen zum Segen werden, so sehr wie der andere zum Segen für uns wird. Wir brauchen Orte der tiefen Begegnung, wo der andere unsere ungeteilte Aufmerksamkeit hat. Und genau wie in unserer Beziehung zu Gott ist es gut, von unserer Vergangenheit, unserer Sklaverei, unseren falschen Götzen und unseren Sklaventreibern frei zu sein, um eine liebevolle Beziehung erleben zu können. So können wir den anderen als Geber guter Gaben und als Segen sehen. So kann unsere Beziehung eine Verbindung zweier Menschen sein, die mehr ist als die Summe der Teile.

So weit geht Gottes Errettung. Er rettet uns nicht nur, segnet uns und erfüllt uns. Er setzt uns frei und überhäuft uns mit Gnade, sodass wir nicht nur ihn, sondern einander auf einer tieferen, bedeutungsvolleren Ebene erleben können. Sodass wir seine Freiheit nicht erst im Himmel, sondern schon hier auf Erden in jedem Bereich unseres Lebens sehen können.

Dajenu erfüllt

Wahrhaft genug

Als der Heilige Geist mir den Kern dieses Buches an jenem Sederabend vor vielen Jahren offenbarte, tat er dies, indem er jeden Satz meines Vaters mit anderen Worten wiederholte. Mit Worten, die von meinem Leben statt von Israels Geschichte sprachen. Und mit jedem Vers trieb er diese Wahrheit tiefer in meinen Geist, mein Herz und meine Seele. Seine Worte waren prägnant und umfangreich zugleich.

Wenn er mich in meiner Unterdrückung gefunden hätte, ohne mir zu zeigen, wie sehr ich ihn brauche, hätte das schon gereicht!

Wenn er mir gezeigt hätte, wie sehr ich ihn brauche, ohne mich von meinen falschen Sicherheiten, meinem Ersatz für seine Versorgung und meinen falschen Hoffnungen zu befreien, hätte das schon gereicht!

Wenn er mich von meinen falschen Sicherheiten, meinem Ersatz für seine Versorgung und meinen falschen Hoffnungen befreit hätte, ohne mich aus dem ewigen Tod, den ich für meine Sünde verdient habe, zu retten, hätte das schon gereicht!

Wenn er mich aus dem ewigen Tod, den ich für meine Sünde verdient habe, gerettet hätte, ohne mir Autorität über meine Vergangenheit zu geben und das, was mich zerstören sollte, in einen Weg, andere zu befreien, zu verwandeln, hätte das schon gereicht!

Wenn er mir Autorität über meine Vergangenheit gegeben und das, was mich zerstören sollte, in einen Weg, andere zu befreien,

verwandelt hätte, ohne mir Wege zu eröffnen, wo kein Ausweg war,

hätte das schon gereicht!

Wenn er mir Wege eröffnet hätte, wo kein Ausweg war, ohne den

Weg, den er mir eröffnet hat, leicht gangbar zu machen, hätte das

schon gereicht!

Wenn er den Weg, den er mir eröffnet hat, leicht gangbar gemacht

hätte, ohne mich für meine vergangene Unterdrückung unantastbar

zu machen, hätte das schon gereicht!

Wenn er mich für meine vergangene Unterdrückung unantastbar

gemacht hätte, ohne alle meine Bedürfnisse zu stillen, hätte das

schon gereicht!

Wenn er alle meine Bedürfnisse gestillt hätte, ohne in schwersten

Zeiten für eine bedingungslose Grundversorgung zu sorgen, hätte

das schon gereicht!

Wenn er in schwersten Zeiten für eine bedingungslose

Grundversorgung gesorgt hätte, ohne mir einen wöchentlichen Tag

zum Loslassen, Ausruhen, für Wiederherstellung und Beziehung

zu geben, hätte das schon gereicht!

Wenn er mir einen wöchentlichen Tag zum Loslassen, Ausruhen,

für Wiederherstellung und Beziehung gegeben hätte, ohne mir seinen

Bund anzubieten und mich sein zu nennen, hätte das schon gereicht!

Wenn er mir seinen Bund angeboten und mich sein genannt hätte,

ohne mir Richtlinien zu seinem Segen und Regeln für ein gutes

Leben zu geben, hätte das schon gereicht!

Wenn er mir Richtlinien zu seinem Segen und Regeln für ein gutes

Leben gegeben hätte, ohne mir ein Leben in seiner Hand, mit seiner
Versorgung, seinem Frieden und seiner Freiheit zu geben, hätte das
schon gereicht!
Wenn er mir ein Leben in seiner Hand, mit seiner Versorgung,
seinem Frieden und seiner Freiheit gegeben hätte, ohne mir einen
Ort zu geben, an dem ich ihm begegnen und seine Erlösung, seine
Versorgung und seine Erfüllung zu empfangen, hätte das schon
gereicht!
Weil er alles gegeben hat, vollkommene Rettung, unerschöpfliche
Versorgung und ewige Erfüllung, ist es nun wahrhaftig genug!

Ich konnte augenblicklich Gottes Hand in meinem Leben sehen; sein Weg, mich freizusetzen, mich zu führen und für mich zu sorgen war ganz plötzlich total offensichtlich. Ich konnte sehen, dass jeder der fünfzehn Schritte aus der Sklaverei in ein Leben in seiner Hand, seiner Freiheit und seiner Erfüllung immer noch ein Wunder in sich ist. Es war mir sofort klar, dass er mir sowohl einen Weg zeigte, die Geschichte von Israels Auszug auf mein Leben zu übertragen, als auch einen Zeitstrahl als Anhaltspunkt, um zu sehen, wo ich gerade stehe und wohin Gott mich führen will. Kein Wunder, dass er möchte, dass Israel sich jedes Jahr zum Passahfest und jede Woche zur Schabbatfeier daran erinnert, als wären sie selbst dabei gewesen.

Als ich den Sedertisch vor mir an jenem Abend ansah, beladen mit besonderem Essen, das sein Volk an das Leben, dass sie hinter sich gelassen haben, die Erlösung, die sie erlebt haben, und den Segen, den Gott ihnen seither zeigt, erinnern soll, fühlte ich einen kleinen Stich des Neides. Ich wünschte mir auch so eine wundervolle visuelle Darstellung der großen Dinge, die Gott in meinem

Leben getan hatte. Wünschte mir einen Abend, an dem meine Familie und ich uns darauf konzentrieren, uns an Gott und seinen großen Taten zu erfreuen. Aber mit dem Neid kam auch eine immense Freude. Darüber, wie er mich freisetzt, ihn und andere zu lieben, so wie er mich zu lieben geschaffen hat. Über die Vollkommenheit seiner Erlösung, seiner Versorgung und seiner Erfüllung. Über sein wunderschönes Herz und Liebe zu uns, die er mir an diesem Abend gezeigt hat. Sowie über die viel tiefere Bedeutung des vergleichsweise einfach anmutenden Abendmahls, die ich jetzt erfassen konnte.

Ich habe es immer geliebt, Abendmahl zu feiern, aber jetzt umso mehr, wo ich sehe, was ich da eigentlich feiere. Ja, es wäre genug, sich an Jesu Opfertod und seiner Auferstehung zu erfreuen. Es ist immerhin das größte Wunder und die größte Darstellung von Gottes Liebe zu uns. Aber die Reise der Errettung, der Versorgung und der Erfüllung zu erfassen, die darin erfüllt ist, dass Jesus zu meinem ewigen Passahlamm, meinem ewigen Priester und meinem ewigen Tempel geworden ist, hat mich tief verändert. Jetzt kann ich alle fünfzehn Schritte sehen, nicht nur den wichtigsten. Denn selbst wenn wir sagen, dass einer der fünfzehn Schritte schon genug gewesen wäre, Gott ewiglich zu preisen, wäre einer allein nicht wirklich genug gewesen, oder? Nein, denn Gottes Freiheit ist erst nach allen fünfzehn Schritten vollkommen; wir kennen ihn erst ganz nach allen fünfzehn Offenbarungen.

Ich habe mal einen Blogeintrag gelesen, wo der Autor, ein praktizierender Jude, über das Dajenu-Lied und die Sederabende seiner Kindheit geredet hat. Er und seine Geschwister mussten oft beim Singen auflachen, weil es sich so sehr anhörte, als sagten sie „Es reicht jetzt". Was genau das war, was sie insgeheim nach einer Stunde von traditionellen Gebeten, Bibellese und religiösen Handlungen rufen wollten, besonders weil sie langsam Hunger bekamen und immer noch nicht essen durften. Das kann ich nachempfinden. Ein Sederabend kann sich sehr lange hinziehen. Die ganze Geschichte des Exodus auf leeren Magen zu hören, kann sich für ein Kind fast so lang anfühlen, wie Israel tatsächlich gebraucht hat, um aus Ägypten ins verheißene Land zu kommen. Natürlich will man da „Es reicht jetzt!" rufen.

Aber obwohl jeder Schritt ein Wunder in sich und Grund genug ist, Gott auf ewig zu preisen, wäre kein Schritt an sich tatsächlich genug. Was für eine unermessliche Gnade ist es, dass Gott selbst beschließt, wann es wirklich genug ist! Als ich einmal mit Gott über das Thema redete, sagte ich: „Ich bin so froh, dass du mich nicht nur gefunden, sondern alle fünfzehn Schritte in deine vollkommene Freiheit geführt hast. Ich bin so dankbar, dass du entscheidest, wann du sagst „Es reicht jetzt" und niemand sonst. Aber wann genau hast du es gesagt?" Er antwortete mit einer außerordentlich klaren Vision von Jesus am Kreuz, der mit seinem letzten Atemzug sagte: „*Jetzt* ist es genug!" Dort am Kreuz war es endlich wahrhaftig genug. Als Jesus unsere ewiges Passahlamm, unser ewiger Priester und unser ewiger Tempel, um dem himmlischen Vater zu begegnen, wurde, war unsere Errettung vollkommen erfüllt. Nichts auf der Welt kann oder muss dem hinzugetan werden. Das Kreuz ist genug, denn es bringt etwas zum Abschluss, was Gott schon beim Pflanzen des Gartens Eden plante und mit Abraham begonnen hatte.

Als Jesus von dem Essig genommen hatte, sprach er: „Es ist vollbracht!" Und er neigte das Haupt und übergab den Geist.
(Johannes 19,30)

Mit dem Kreuz ist die Geschichte von Israels und damit unserer Errettung vollendet. Zu Ende. Wir haben jetzt die Chance, glücklich und zufrieden zu leben, bis an unser Lebensende.

Vollkommene Erfüllung durch vollkommenen Frieden

Diese klare Vision von Jesus am Kreuz ließ mich überlegen, ob er damals vielleicht tatsächlich Dajenu gesagt haben könnte. Also fragte ich meinen Vater und er schaute in seiner hebräischen Bibel nach. Er hat nicht Dajenu gesagt, er sagte etwas anderes und ich kann mich nicht mehr an das hebräische Wort erinnern. Aber ich erinnere mich sehr deutlich daran, dass mein Vater sagte: „Das Wort, was Jesus gesagt hat, hat die gleiche Wurzel wie Shalom. Er sagte also ‚Es ist befriedet, es ist erfüllt, Shalom wurde hergestellt‘." Das ist mir hängen geblieben. Denn Shalom bedeutet so viel mehr als nur Frieden, die Abwesenheit von Krieg. Es bedeutet inneren Frieden, Vervollständigung, Erfüllung. Es bedeutet, der Mensch zu sein, als der ich gemacht bin, an dem Ort, für den ich gemacht bin, zu der Zeit, für die ich gemacht bin, und die Dinge zu tun, für die ich gemacht bin.

Das ist vollkommene Erfüllung. Der Mensch zu sein, als der ich gemacht bin: Gottes Kind und Freund, vollkommen frei von Schmerz, Krankheit und Leid. An dem Ort, für den ich gemacht bin: Unter seinem Erbarmen und seiner Gnade, an frischen Wassern seiner Versorgung gepflanzt, wo ich stark aufwachsen kann. Zu der Zeit, für die ich gemacht bin: In seiner Berufung, nach dem Rhythmus seines Herzschlags lebend. Die Dinge zu tun, für die ich gemacht bin: Was mir leichtfällt, weil Gott mich dafür maßgeschneidert hat, mit den richtigen Gaben, Talenten und Motivationen. Meine Bestimmung als Segen Gottes für jeden, dem ich begegne, zu erfüllen. Das bedeutet Shalom.

Der große christliche Autor und Apologet C. S. Lewis hat einmal den Prozess der Freisetzung und Verwandlung in Gott so beschrieben:

Stell dir vor, du wärst ein lebendiges Haus. Gott kommt herein, um dieses Haus wieder aufzubauen. Am Anfang kannst du vielleicht verstehen, was er tut. Er bringt die Abflüsse in Ordnung und dichtet die Lecks im Dach ab und so weiter; du wusstest, dass diese Aufgaben erledigt werden mussten, und bist daher nicht überrascht. Aber bald fängt er an, das Haus auf eine Weise herumzuschlagen, die entsetzlich wehtut und keinen Sinn zu ergeben scheint. Was in aller Welt hat er vor? Die Erklärung ist, dass er ein ganz anderes Haus baut als das, an das du gedacht hast – er baut hier einen neuen Flügel, baut dort ein zusätzliches Stockwerk, baut Türme hoch, baut Innenhöfe. Du dachtest, du würdest zu einem anständigen kleinen Häuschen gemacht: aber er baut einen Palast. Er beabsichtigt, selbst zu kommen und darin zu leben. (C. S. Lewis: Pardon, ich bin Christ)

Als ich vor vielen Jahren zum ersten Mal diese Passage las, brachte sie mir enormen Trost. Zu der Zeit kämpfte ich sehr mit Verdammnis, weil ich mich fühlte, als würde ich feststecken auf einer Achterbahn aus tiefen, lebensverändernden Begegnungen mit Gott schnell gefolgt von dem Gefühl, ich sei irgendwie wieder aus seiner Gegenwart gefallen. Es tat entsetzlich weh und schien keinen Sinn zu ergeben. Es war, als ginge ich mit Gott und würde dann mit Höchstgeschwindigkeit gegen eine Wand laufen. Was machte ich denn falsch? Warum rannte ich gegen Wände? Scham und Verdammnis wegen meiner offensichtlichen Unfähigkeit, in Gottes Gegenwart zu bleiben, begannen mich zu erdrücken. Bis ich den Abschnitt in *Pardon, ich bin Christ* las und der Heilige Geist zu mir sagte: „Der Vater führt dich näher an sein Herz, eine Treppe hinauf. Er geht rückwärts, damit du sein Angesicht auf dir sehen kannst, und er bedeutet dir, ihm zu folgen. Wann immer du dich fühlst, als hättest du irgendwie seine Gegenwart verloren, liegt das daran, dass er eine Stufe höher gegangen ist und möchte, dass du ihm auf die neue Ebene folgst, wo du ihn wiederfinden wirst."

Was für eine Erleichterung diese Offenbarung war! Gott kämpfte nicht die ganze Zeit gegen meine Lecks und meinen Verfall an, er baute einen Palast! Damit er, der König, darin wohnen könnte! Ich liebe dieses Zitat also sehr. Aber, und ich hoffe, Mr. Lewis wird mir verzeihen, das Bild ist nicht ganz rund. Anstatt ein kleines Häuschen zu sein, das Gott mit zusätzlich Flügeln, Stockwerken, Türmen und Innenhöfen in einen Palast verwandelt, merke ich, dass ich ein Palast bin, der sich für ein renovierungsbedürftiges Häuschen hält. Wenn also Gott mit der großen Arbeit beginnt, die alten Flügel, Türme und Stockwerke zu öffnen, die schon so lange nicht genutzt wurden, dass ich nicht einmal von ihrer Existenz wusste, ist das eine erschütternde Überraschung. Aber es ist nicht so, dass Gott mich mit Gewalt in etwas verwandelt, das ich nicht bin, sondern eher, dass mein Bild von mir selbst erweitert werden muss, um alles aufzunehmen, was ich wirklich bin. Der Palast zu werden, als der ich gemacht bin, mit jedem Flügel neueröffnet und jedem Innenhof von Gestrüpp befreit, ist, was Shalom wahrhaftig bedeutet. Dazu lädt Gott uns ein, wenn er uns in unserer Unterdrückung findet. Zu einem Leben in seinem Frieden und seiner vollkommenen Erfüllung.

In Israel kann man oft den Satz „Bete für den Frieden Jerusalems" in verschiedensten künstlerischen Varianten finden, auf Postkarten, in Stein gemeißelt und alles dazwischen. Ich liebe das, jetzt, wo ich weiß, dass Shalom bedeutet, in der Fülle seiner Bestimmung zu leben. Denn Jerusalems Bestimmung ist es, der Ort zu sein, an dem Gott wohnt und sich offenbart. Der Ort zu sein, an dem Gottes Segen beginnt und dann in die Welt strömt, um Gottes Shalom, seine vollkommene Erfüllung in jede Nation zu bringen. Wenn ich also für den Shalom von Jerusalem bete, bete ich somit dafür, dass die ganze Welt mit Gottes Segen und seiner Gnade überschwemmt wird. Wenn ich dafür bete, dass Jerusalem ihre Bestimmung erfüllt, bete ich automatisch, dass die ganze Welt und ich persönlich von Gottes lebensverändernden Gegenwart verwandelt wird.

Wo bin ich also?

Seit der Heilige Geist mir Gottes Prozess der Freiheit am Bespiel des Exodus offenbart hat, ist das Dajenu mein üblicher Bezugspunkt, wenn ich wissen möchte, wo ich gerade stehe. Wenn ich mich fühle, als würde ich mit dem Rücken zur Wand stehen, frage ich nun den Heiligen Geist: „Ist das so, weil du mir meinen wahren Zustand zeigen möchtest? Oder möchtest du meine falschen Götzen entlarven? Brauche ich es, dass du mir einen Weg bereitest, oder soll ich darauf vertrauen, dass du für meine bedingungslose Grundversorgung sorgst? Brauche ich deine Rettung und Versorgung oder willst du meine Unterdrücker hinter mir ertränken?"

Egal, womit ich gerade kämpfe: Gott darum zu bitten, zu tun, was er vorhat, und ihm zu folgen, ist das Beste überhaupt. Denn in jeder Situation werde ich ihn besser kennenlernen als zuvor und werde ihm hinterher mehr vertrauen. Und ich werde in größere Freiheit und tiefere Erfüllung kommen. Selbst die unerträglichsten Umstände bieten mir die Chance, Gott so zu begegnen, wie ich ihn noch nie zuvor gesehen habe.

Es braucht Übung, ein kleines Ritual der Reflektion, um die Gewohnheit zu entwickeln, Gott so in deinem Leben zu involvieren. Vielleicht bist du nicht daran gewöhnt, dich mit dem Heiligen Geist zu unterhalten. Vielleicht denkst du, es braucht eine bestimmte geistliche Reife, um Gott zu hören, wenn du ihn etwas fragst. Ich habe das jedenfalls früher gedacht. Ich war etwa zwanzig, als ich Gott bat, mir beizubringen, seine Stimme zu erkennen. Ich wusste, Jesus hatte gesagt, dass seine Schafe seine Stimme kennen und ihm folgen (siehe Johannes 10,27). Deshalb war mir klar, wenn ich Jesus folgen wollte, musste ich den Klang seiner

Stimme kennen. Also bat ich ihn ständig, mit mir zu reden, über alles Mögliche. Und das tat er. Anfangs war jedes seiner Worte von einem Adrenalinschub begleitet, sodass ich sein Reden klar von meinen eigenen Gedanken unterscheiden konnte. Ich lernte, dass seine Stimme immer liebevoll und bedeutend klingt. Sie hebt sich von meinen Gedanken ab, weil es immer etwas ist, was ich noch nie gedacht habe, es mich also innehalten lässt.

Um mich zu lehren, meinem Urteil zu vertrauen, begann Gott, mir Eindrücke für die Gemeinde zu geben, die ich im Gottesdienst von vorne weitergeben sollte. Dann sorgte er dafür, dass nachher Menschen zu mir kamen und mir erzählten, wie Gott durch mich zu ihnen gesprochen hatte. Sobald ich mich daran gewöhnt hatte, ihn reden zu hören, hörten die Adrenalinschübe auf. Ich brauche sie nicht mehr, denn ich erkenne seine Stimme jetzt sofort. Nur einmal noch hat er es seither eingesetzt, in einer Situation, wo er wollte, dass ich etwas für mich sehr Unangenehmes tue, weil ich bestimmte Grenzen überschreiten musste, um ihm zu gehorchen. Deshalb wollte er ganz sicher gehen, dass ich wusste, er erteilte mir diesen Auftrag.

Ich habe mich diesem ganzen Training unterzogen, um zu lernen, Gottes Stimme zu hören. Aber ich habe auch schon erlebt, wie Gott sofort begann mit Menschen zu reden, manchmal sogar noch bevor sie ihr Leben Jesus gaben. Mein Lieblingserlebnis dieser Art geschah, als ich gerade im Schwimmbad des Hotels war, in dem ich damals arbeitete. Damals war eine meiner Aufgaben, einmal am Tag eine Stunde mit den Gästekindern schwimmen zu gehen, mit ihnen zu spielen und ihnen einen Urlaub voller Spaß zu bereiten. Es war gerade bekannt geworden, dass ich das Hotel bald verlassen würde und zwei Mädchen wollten hören, warum und wohin ich gehen wollte. Weil ich nur deswegen dort arbeitete, weil Gott es mir aufgetragen hatte, und ich jetzt gehen würde, weil er mich woanders hinsendete, hörten sie sehr viel über Gott in meiner Geschichte. Als ich fertigerzählt hatte, war die jüngere der beiden neugierig, mich beten zu hören. Also bot ich an, für sie zu beten. Ihre Schwester wollte sofort mitmachen, also betete ich für beide. Wann immer ich für jemanden bete, der Gott nicht gut kennt, erkläre ich: „Wenn ich für jemanden bete, sage ich einfach, was mir so kommt. Wenn ich also etwas sage, bei dem du denkst ‚Ich hätte gerne, dass das wirklich passiert‘, kannst du einfach in deinem Herzen Ja dazu sagen. Wenn ich nichts sage, was dich anspricht, kannst du es einfach abtun.“ Ich betete also und danach strahlten die Mädchen, aber sie hatten auch Fragen. „Ich kann mir nicht vorstellen, dass es Gott gibt“, sagte die Jüngere, „er soll die ganze Welt erschaffen haben, aber wie soll das denn funktioniert haben?“

„Nun,“ antwortete ich, „in der Bibel heißt es, dass Gott gesprochen und damit die Welt ins Leben gerufen hat. Ich kann das sehr gut glauben, weil ich das schon selbst oft erlebt habe. Wenn ich feststecke und ihn bitte, in die Situation zu sprechen, werden Dinge lebendig. Du kannst ihn einfach bitten, mit dir zu reden und er macht es.“ Die Schwimmstunde war mittlerweile um und ich musste die Fliesen des Bades mit einem Abzieher von stehendem Wasser befreien. Während ich arbeitete, blieb die Ältere der Mädchen noch im Whirlpool, tauchte immer wieder unter und auf. Als sie so zum dritten Mal den Kopf aus dem Wasser steckte, sagte sie: „Es funktioniert echt. Ich habe ihn gebeten, zu reden, und er hat es getan.“ Und weg war sie wieder. Als sie wieder auftauchte, fragte sie mich: „Wie hört sich Gottes Stimme für dich an?“ „Hm, ein bisschen wie meine eigenen Gedanken, aber trotzdem anders. Was er sagt, klingt immer bedeutsam und lässt mich sofort innehalten und darüber kurz nachdenken." Sie strahlte und nickte. "Ich finde, er klingt so liebevoll!" sagte sie dann. Worauf ich nur mit „Ja! Er klingt immer liebevoll! Selbst, wenn er mit mir schimpft, klingt er liebevoll!" antworten konnte und ihr ein Highfive gab. Es war einfach so unglaublich cool, dass Gott beschlossen hatte, mit diesem jungen Mädchen mitten im Whirlpool zu reden, einfach nur, weil sie ihn gefragt hatte.

Er ist immer noch der Ich Bin. Er lädt uns immer noch, mit jeder Faser seines Wesens, ein, ihn kennenzulernen. Er lädt uns immer noch ein, zurück in die Beziehung zu kommen, für die wir gemacht sind, und in die vollkommene Freiheit, die er für uns hat. Von allem frei zu sein und nur von ihm anhängig. Egal wo wir in unserem Leben stehen, wir sind auf jeden Fall irgendwo zwischen vollkommen unterdrückt und ganz und gar frei in ihm. Also müssen wir, wenn wir vorwärtskommen wollen, ihn nur bitten, uns den nächsten Schritt mitzunehmen, und ihm erlauben, sich uns zu offenbaren, wie wir ihn noch nicht kannten. Wenn er zu einem Mädchen im Whirlpool reden kann und möchte, wird er dir auch antworten.

„Gott, ich fühle mich, als stünde ich mit dem Rücken zur Wand und ich weiß nicht recht, warum. Bitte zeige mir, wo ich auf dem Zeitstrahl zu deiner vollkommenen Freiheit bin, und führe mich den nächsten Schritt. Ich möchte dich kennen, wie du wirklich bist. Bitte hole den Sklaven aus mir, um mich aus der Sklaverei zu holen. Bitte offenbare dich mir als die Quelle aller vollkommener Sicherheit, unerschöpflicher Versorgung und ewiger Erfüllung. Hole mich aus meiner Unterdrückung und in deinen Shalom, wo ich der Mensch werden kann, als der du mich gemacht hast. Heiliger Geist, bitte führe mich in die Wahrheit."

Ich aber und mein Haus

Nach mehreren hundert Jahren in Ägypten, einer mächtigen Darbietung von Gottes Macht als Retter, 40 Jahren in der Wüste, getragen von Gott, dem Versorger, und Jahren zum Einnehmen des verheißenen Landes, geführt von Gott, der für sie kämpft, ist Israel nun wahrhaftig im Land seines Shaloms zur Ruhe gekommen. Sie sind da, wo sie sein sollen, leben in Frieden und Überfluss. Josua, Moses Nachfolger als Anführer des Volkes, ist alt geworden und wird bald sterben. Als seine letzte Amtshandlung ruft er die Ältesten, Leiter, Richter und Amtsträger bei Sichem zusammen und hält eine ermahnende Abschiedsrede. Genau wie das Dajenu es zu jeder Sederfeier tut, erzählt er alle großen Taten, die Gott getan hat, um Israel aus der Sklaverei ins verheißene Land zu führen. „Ihr wisst mit Leib und Seele, dass keines der Versprechen Gottes euch versagt geblieben ist. Jedes Versprechen wurde erfüllt. Ihr habt gesehen, was der Herr, euer Gott, den Völkern um euch angetan hat. Es war der Herr, euer Gott, der für euch gekämpft hat. Also gehorcht seinen Geboten, folgt den Richtlinien zu seinem Segen. Mischt euch nicht mit den Völkern, die noch hier leben. Ruft ihre Götter nicht an, sondern haltet an Ich Bin, eurem Gott, fest. Müht euch, ihn zu lieben. Wenn ihr ihn loslasst, wird er euch loslassen, und ihr werdet aus dem Land, das er euch gegeben hat, ausgelöscht werden." (Siehe Josua 24,1-13)

Und dann stellt Josua sie vor die Wahl:

„Fürchtet also jetzt den Herrn und dient ihm in vollkommener Treue! Schafft die Götter fort, denen eure Väter jenseits des Stroms und in Ägypten gedient haben, und dient dem Herrn! Wenn es

euch aber nicht gefällt, dem Herrn zu dienen, dann entscheidet euch heute, wem ihr dienen wollt: den Göttern, denen eure Väter jenseits des Stroms dienten, oder den Göttern der Amoriter, in deren Land ihr wohnt. Ich aber und mein Haus, wir wollen dem Herrn dienen." (Josua 24,14-15)

Nach allem haben wir immer noch die Wahl. Jeden Tag unseres Lebens erlaubt uns Gott, zwischen Selbstbestimmung und der Freiheit in ihm zu wählen. Selbst nach allem, was er getan hat, um uns aus Unterdrückung in seinen Shalom zu führen, stellt er immer noch und für immer unseren Willen über den seinen. Weil er uns liebt und möchte, dass wir frei sind, ihn zurückzulieben. Es liegt ganz in unserer Hand. Sagen wir heute Ja zu seinem Angebot der Rettung, Versorgung und Erfüllung in seiner Hand? Oder halten wir fest an unseren alten Quellen für Schutz, Leben und Hoffnung? Wagen wir es, seiner Einladung, näher zu kommen und ihn zu erleben, zu folgen? Oder vertrauen wir mehr dem Altbekannten, so unterdrückend es auch sein mag? Es ist ganz und gar unsere Entscheidung.

Ich kann nur sagen: Diese Entscheidung wird leichter, je öfter ich sie mit Ja beantworte. Denn jedes Ja, das ich Gott gegeben habe, hat mich näher an sein Herz und in seine vollkommene Freiheit gebracht, seinen vollkommenen Shalom. Mit jeder Offenbarung eines Charakterzuges von Gott und seiner Liebe wird es mehr und mehr mein Herzenswunsch, ein Leben in seiner Hand zu leben. Nichts, was ich losgelassen und auf seinem Altar geopfert habe, war es wert, behalten zu werden. Bei allem, was er mir genommen hat, war es gut, es los zu sein. Was immer ich ihm in die Hand gegeben habe, wurde viel besser, größer, mehr Geist-erfüllt. Wann immer ich ihn bitte zu reden, sagt er nicht nur Worte, er spricht Leben und ruft Dinge ins Dasein. Ich weiß mit ganzem Herzen und ganzer Seele, dass keines von Gottes Versprechen mir versagt geblieben ist. Jedes Versprechen wurde erfüllt. Je mehr ich ihn mich retten lasse, desto mehr begreife ich: In Abhängigkeit zu ihm zu leben ist wahre Freiheit. Die Freiheit, für die ich gemacht bin.

Also möchte ich dich vor dieselbe Wahl stellen: Gott, dem Ich Bin, zu folgen, der dich freisetzt von jeder Unterdrückung und allem Leid, damit du in einer liebevollen Beziehung zu ihm leben kannst, oder dem altbekannten Ersatz für seine Fülle zu folgen. Er wird nicht entsetzt sein von deiner Wahl. Er weiß, was dich zurückhält. Er wird dich nie zwingen, deine Felsenklippe loszulassen, er wird dich niemals aus der einzigen Sicherheit reißen, die du bis jetzt kanntest. Es ist also absolut okay, wenn deine Antwort auf seine Liebe heute immer noch Nein ist. Aber wisse eines: Er wird sich weiter nach dir ausstrecken, dir Zeichen seiner Liebe schicken, sich dir in der Natur, in Menschen und in deinem Herzen zeigen. Denn genauso sehr, wie Jesus es nicht ertragen konnte, seines Vaters Herz gebrochen und unvollständig zu sehen, ebenso sehr kann der Vater es nicht ertragen, dich gebrochen und unvollständig zu sehen. Also wird er nach jeder Art suchen, dein Herz zu rufen und sich dir als wahre Errettung, Versorgung und Erfüllung zu zeigen. Wenn deine Antwort Nein ist, wünsche ich dir das kleine bisschen Mut, das es braucht, um nach den Zeichen von Gottes Liebe zu dir Ausschau zu halten. Damit du es vielleicht eines Tages wagst, das kleine Ja zum ersten Schritt in seine Freiheit zu sagen. Es wird der großartigste Schritt deines bisherigen Lebens sein.

Dajenu angewendet – ein Epilog

Jeder Vers des Dajenus beschreibt ein unglaubliches Ereignis, jeder veranschaulicht eine von fünfzehn individuellen Offenbarungen, mit denen Gott sich uns bekannt macht. Sie sind alle unterschiedlich und laden uns alle ein, einen bestimmten Schritt auf Gott zuzumachen. Aber genau wie es für Israel eine fortwährende Reise war, bei der jeder Schritt sich auf den vorangegangenen aufbaute, so kann es auch für uns ein fortwährender Prozess sein, dem es zu folgen gilt. Ein Weg, den wir einschlagen können, wann immer wir uns in irgendeiner Form der Unterdrückung wiederfinden. Diesem Weg zu folgen, diesen Prozess, Gottes vollkommene Freiheit zu erlangen, zu durchlaufen, ist für mich ein außergewöhnliches Werkzeug der Seelenpflege geworden. Egal, ob ich mich in Sünde wiederfinde, gebunden von meiner Vergangenheit oder auf sonst eine Art vom Feind unterdrückt, ich nutze das Dajenu als Leitfaden, Gott zu suchen und ihn mich freisetzen zu lassen. Es ist ein sehr vielseitiges und sehr effektives Werkzeug, um Dinge mit Gott durchzuarbeiten. Also will ich dir am Ende dieses Buches ein Beispiel geben, wie ich das Dajenu im täglichen Leben anwende und es als Leitfaden für Gebet, Seelsorge und Seelenpflege anwende.

In dem Kapitel über den Schabbat, habe ich bereits von meinem Burn-Out erzählt. Der Weg, den ich damals nahm, um zu mentaler und physischer Gesundheit zurückzukehren, orientierte sich ziemlich genau an der Reise, die Gott sein Volk aus der Sklaverei ins verheißene Land führte.
Wie bereits erwähnt begannen meine sieben Woche Schwäche mit einer Erkältung, also ging ich regelmäßig

zum Hausarzt. Hauptsächlich für die Krankschreibung, aber auch, weil ich natürlich wissen wollte, was denn nun mit mir los war. Warum war ich so schwach? Fünf Wochen lang sagte der Arzt, es sei völlig normal, dass ein Virus so lange braucht, den Körper zu verlassen. Also dachte ich fünf Wochen nicht mal daran, dass der Grund für meine Schwäche psychisch sein könnte, obwohl eine Freundin diese Möglichkeit bereits in der dritten Woche vorgeschlagen hatte. Genau wie Israel sah ich meine Unterdrückung nicht als die wahrhaft unerträgliche Situation, die sie war.

Das änderte sich sehr abrupt, als am Ende der fünften Woche, nach einem kompletten Blutbild und zwei EKGs, der Arzt leichthin sagte: „Nun, es gibt keinen physischen Grund, warum Sie sich so fühlen, wie Sie sich fühlen. Es kann jetzt nur noch eines von zwei Sachen sein. Entweder ist es gynäkologisch oder psychologisch. Haben Sie viel Stress im Job?" Als ich das wahrheitsgemäß verneinte, schien er mir nicht zu glauben, denn er fuhr fort: „Ich werde Ihnen mal ein Medikament verschreiben, was Ihnen Kraft für die alltäglichen Dinge gibt." Als er weiter erklärte, läuteten bei mir aus zwei Gründen die Alarmglocken: Die Nebenwirkungen ließen das Medikament sehr nach Antidepressivum klingen und die Worte, die er gebrauchte, wirkten sehr präzise gewählt, um das Wort Antidepressivum zu vermeiden. Ich fühlte mich manipuliert und missverstanden, was mich völlig erdrückte. Mit einer kleinen Verschreibung wurde meine Situation augenblicklich unerträglich.

Ich brauchte diesen kleinen Schock. Gott hatte mich in meinem persönlichen Ägypten gefunden und ließ mich meine Unterdrückung begreifen. Nachdem ich die ganze

Sache mit meinem Bruder und einer befreundeten Seelsorgerin durchgesprochen hatte, verstand ich, dass meine Schwäche von den Jahren zuvor kam, nicht von meinem momentanen Leben. Jetzt, da das klar war, ging ich das Problem ganz direkt an. Ich wusste sofort, dass ich im Vers eins des Dajenus war. Mindestens vier erwarteten mich noch, um in Gottes Freiheit zu gelangen. Es galt also keine Zeit zu vergeuden.

In den nächsten zwei Tagen verbrachte ich bewusst Zeit im Gebet und bat Gott darum, mich in seine Freiheit zu führen. Um Gericht über meine Unterdrücker zu bringen und mir meine unerträgliche Lage zu zeigen, ließ der Heilige Geist mich detailliert niederschreiben, welche Wunden, Verletzungen, emotionale Angriffe, Überforderungen und Attacken ich in den elf Jahren meines vorherigen Jobs hatte erleiden müssen. Es wurde eine recht hübsche Sammlung. Geborgen in Gottes Armen weinte ich über jeden einzelnen Punkt auf der Liste, betrauerte ihn, widerlegte die, die widerlegt werden mussten, und empfing Gottes Trost. Es war ein sehr erschöpfender Prozess, aber, oh, so befreiend!

Als Nächstes schauten wir uns die falschen Götter an, von denen ich Sicherheit, Versorgung und Erfüllung erhofft hatte. Es waren Übereifer, falsches Pflichtbewusstsein und Beweisungsdrang und sie brachten Versagensangst und Leistungsdruck mit sich. Kein Wunder, dass ich erschöpft war. Kein Wunder, dass Gott wollte, ich solle langsam machen und ihm erlauben, mir diese schreckliche Last abzunehmen. Indem er mir sagte, dass er nicht enttäuscht von mir war und ich in meinem alten Job genau das getan hatte, was er von mir gewollt hatte, und indem er mir sagte, dass allein seine Liebe für mich meinen Wert und meine

Bestimmung festlege, half er mir, meine falschen Götter loszulassen. Ich fand mich selbst in ihm wieder und konnte nun neu seine Vision für mein Leben empfangen.

Wegen Schritt vier, weil Gott seinen Erstgeborenen gab, um mich von dem Tod zu retten, den ich verdient hätte, konnte ich die seelischen Wunden und Angriffe vergeben. Ich konnte für meinen Götzendienst Buße tun, konnte Freiheit von meiner Unterdrückung empfangen und Heilung für meine Wunden. Was für unglaubliches Erbarmen!

Nachdem er mich so vollständig gerettet hatte, zeigte er mir seine Gnade, indem er mir die Schätze des Landes meiner Unterdrückung gab: Ein viel tieferes Verständnis für den Prozess des Burn-Outs und den Schlüssel, Leute hindurchzuleiten. Mehr noch: ein viel tieferes Verständnis meines Wertes in ihm. Es ist seine greifbare, ewige Liebe, die allen Leistungsdruck und alle Versagensangst austreibt. Die mich ganz frei macht, sodass ich Gott als meinen Versorger und meine Erfüllung erleben kann.

Meine Lasten auf Gott zu werfen, selbst die ganz tief drinnen, von denen ich nicht mal wusste, dass ich sie trage, war solch eine Erleichterung. Auch mein Körper merkte das schnell. Meine Kraft kam wieder, nicht mit einem Mal, aber schneller als erwartet. Nur zwei Wochen nachdem Gott mit mir den ersten Schritt des Dajenus gemacht hatte, war ich schon wieder in der Lage, arbeiten zu gehen. Eine weitere Woche später fühlte sich alles wieder ganz normal an. Weil ich Gottes vollkommene Sicherheit, unerschöpfliche Versorgung und ewige Erfüllung erlebt hatte, hatte sich meine Situation vollständig verändert.

Vielleicht klingt mein Burn-Out nicht halb so schlimm wie einige der Situationen, die du durchgemacht hast. Vielleicht lassen sich meine paar Wochen Schwäche nicht im Geringsten mit dem vergleichen, womit du gerade kämpfst. Dann lass mich dich erinnern: Gott ist der Selbe. Wenn du eine ganze Nation wärst, versklavt, gebrochen und an ein Leben in Unterdrückung angepasst, wäre seine Befreiung wahrhaft genug, um dich ins Land seines Segens zu bringen. Deine Situation überfordert ihn nicht. Er kennt den Weg aus deinem Ägypten in seinen Arm. Und er kann es kaum erwarten, dich aus der Unterdrückung und an sein Herz zu führen.

Gottes verwandelnde Liebe begeistert mich immer wieder neu. Egal wo er uns findet, egal welche Form oder Größe unsere Fesseln haben, seine Befreiung wird vollkommen sein. Wir werden ihm als unseren unerschöpflichen Versorger und unsere ewige Erfüllung begegnen. Ich hoffe und bete, dass du wagen wirst, ihm zu vertrauen, wenn du dich das nächste Mal in irgendeiner Unterdrückung wiederfindest. Es liegt ganz bei dir, ob du Ja zu ihm sagst. Sein Ja steht fest und ändert sich nicht. Mach den ersten Schritt und werde verändert. Es wird unglaublich befreiend sein.

Danksagungen

Gott verdient meinen Dank und meine ganze Hingabe. Seine vollkommene Rettung, unerschöpfliche Versorgung und ewige Erfüllung haben mein Leben wieder und wieder bereichert. Er ist der wahre Autor dieses Buches, denn seine Geschichte mit seinem Volk hat es überhaupt möglich gemacht. Seine Liebe zu uns Menschen lässt mich jeden Tag staunen.

Ohne meinen Bruder Tobias wäre ich wohl nie dahin gekommen, dieses Buch tatsächlich drucken zu können. Seine Unterstützung hat mich am Ball bleiben lassen. Er hat mich herausgefordert, wenn ich mich zurückhalten wollte. Sein Gebet und sein Feedback haben mir Rückhalt und Richtung gegeben.

Ohne meine Schwester Kerstin und meine beste Freundin Steffi wäre dieses Buch fehlerhafter und um einiges schwerer lesbar gewesen. Ihre Gründlichkeit ist mir immer eine wertvolle Ergänzung.

Ohne die Ermutigung meiner Schwester Karen hätte ich nie mit Schreiben angefangen. Weil sie das Bestreben einer Zwölfjährigen ernstgenommen hat, habe ich begonnen, meinen Schreibstil zu entwickeln.

Ohne die Liebe, die Werte und den gelebten Glauben meiner Eltern wäre ich heute nicht die Frau, die ich bin. Die unerschütterliche Beständigkeit meines Vaters und die befreiende Entschlusskraft meiner Mutter waren und sind mir Anker und Antrieb.